CE QU'EN DISENT LES PREMIERS LECTEURS ET CRITIQUES

« Brutal. Très méchant, barbare et répugnant. Un vrai cauchemar. Moi je n'aurais pas tenu. Je me serais suicidé. »
  - Joe Spencer, Ph.D., professeur d'université (Canada)

« Ouvrage à lire absolument pour comprendre comment le terrorisme intellectuel et certaines mécaniques de type totalitaire ont élu domicile dans nos institutions académiques et judiciaires.»
  -Patrick Mbeko, auteur, analyste géopolitique et stratégique (Canada)

« Horrible. Très choquant. C'est honteux que de tels actes existent encore dans notre société et dans nos institutions professionnelles hautement respectées telles que les universités et la justice. Scandaleux. »
  -George Naoufal, MBA, entrepreneur, Ottawa (Canada)

« Révoltant. À lire impérativement pour comprendre vos droits et savoir vous battre pour la justice et vos libertés fondamentales. Coup de chapeau à l'auteur pour ce récit très émouvant et pour son courage de dénoncer ces injustices complètement inacceptables dans notre société humaine et dans nos institutions. Un livre très captivant. L'auteur a réussi à créer un suspense qui tient le lecteur et la lectrice en haleine du début à la fin. J'attends impatiemment le Volume 2. »
  -Tshitshi Kayamba, Ph.D. droit constitutionnel, professeur (Madrid, Espagne)

DU MÊME AUTEUR

Justice corrompue, Zabo vs. Université d'Ottawa : connaître vos droits et savoir vous battre pour rétablir la justice. (Volume 1)

ANNONCE DU VOLUME 2 :

Justice corrompue, Zabo vs. Université d'Ottawa : connaître vos droits et savoir vous battre pour rétablir la justice. (Volume 2)

JUSTICE CORROMPUE

ZABO vs. UNIVERSITÉ D'OTTAWA

CONNAÎTRE VOS DROITS ET SAVOIR VOUS BATTRE POUR RÉTABLIR LA JUSTICE

Volume 1

Zeph Zabo

www.zephzabo.com

DROITS D'AUTEUR

Titre
Justice corrompue, Zabo vs. Université d'Ottawa : connaître vos droits et savoir vous battre pour rétablir la justice. (*Volume 1*)

Auteur
ZABO, Zeph
LL.L.; LL.M.; M.A.; Doctorant en droit.

www.zephzabo.com

Le livre est basé sur une histoire vraie. L'auteur a choisi de ne pas divulguer les noms des personnes concernées, plus particulièrement celles mises en cause dans cette affaire. Ce, aux fins notamment de les protéger. Il en est de même des noms d'autres personnes (un lecteur travaillant à l'Université d'Ottawa et tenu à un devoir de réserve, et un autre professeur d'université) qui ont préféré que leurs noms ne soient pas cités. Un autre a été cité sous un nom fictif (Joe Spencer), pour les mêmes fins. D'autres noms ou informations, apparaissant dans des documents accessibles au public (sites web des employeurs des personnes concernées, vidéo sur Youtube, affidavits déposés à une cour de justice, etc.), pouvaient être utilisés en vertu notamment de la loi et l'ont été conformément à la loi. Les informations (faits et preuves) détaillées provenant des affidavits du professeur directeur du programme de doctorat de la Faculté de droit de l'université concerné ont par ailleurs été contre-vérifiées par lui-même suite à sa lecture du manuscrit de ce livre et à ses commentaires.

Publié en deux volumes

Produit au Canada et aux États-Unis d'Amérique

Imprimé aux États-Unis d'Amérique

Publié en février 2016

ISBN-13: 978-1523977161
ISBN-10: 1523977167

DÉDICACE

*À mes parents, plus spécialement à mère
qui a tant souffert à cause de cette affaire, qui m'a tant appuyé et
sans qui je ne sais comment j'aurais survécu à cette crucifixion;*

Au professeur émérite Alain-François Bisson;

À mes fils Alex et Kevin Zabo;

*À tous mes frères et sœurs,
et toute ma grande famille;*

*À tous ceux et celles qui m'ont soutenu
dans ce combat;*

*Aux étudiant(e)s et aux fédérations étudiantes
au Canada et à travers le monde;*

*Aux organismes de défense des droits humains,
aux défenseurs et autres militants;*

*À toutes les victimes de barbarie,
d'abus de divers ordres, d'injustice, de déni de justice*

*Une dédicace spéciale aux peuples opprimés
dans différents pays dans le monde.*

LEITMOTIV : POURQUOI J'AI ÉCRIT CE LIVRE

« Une injustice quelque part est une
menace pour la justice dans le monde entier. »;

« Un déni de justice n'importe où diminue la justice partout. »;

« Nos vies commencent à se terminer le jour où nous devenons
silencieux au sujet de choses qui comptent. ».
-Martin Luther King, Jr.

SYNOPSIS

La barbarie, la corruption et l'injustice, d'où qu'elles viennent, n'ont définitivement pas de place dans la société, dans notre société, dans aucune société dans le monde. Elles doivent être combattues par tous, individuellement et collectivement, partout où elles se trouvent.

Basé sur une histoire vraie, macabre et très dévastatrice, ce livre constitue le fruit du combat herculéen de l'auteur pour le rétablissement de la vérité et de la justice dans cette affaire judiciaire connue et répertoriée sous le nom *Zabo vs. Université d'Ottawa*.

Il vise aussi à préserver la justice, la liberté, l'égalité, l'excellence, le respect de la loi et des règlements par tous, ainsi que les valeurs morales, au sein des institutions universitaire et judiciaires concernées.

Il fait le récit d'une histoire de barbarie, de corruption, d'une culture de violation délibérée des règlements, de violation abusive du contrat université-étudiant, de parodie de justice et de déni de justice, en milieu universitaire.

Dans ce récit émouvant et plein de rebondissements, qui s'appuie notamment sur les affidavits sous serment des deux directeurs du programme de doctorat en droit de l'Université d'Ottawa témoignant en faveur de l'étudiant doctorant concerné, l'auteur dénonce vigoureusement la crucifixion dont il a été victime et le calvaire vécu.

En réponse, il vous propose dans ce livre une approche de combat pour rétablir la justice : vivre libre ou mourir.

Ce faisant, il vous livre et propose des stratégies, des options ainsi que des pistes de solution qu'il a lui-même aussi suivies ou considérées, étape par étape, qui vous inspireront et vous permettront de vous battre jusqu'au bout lorsque vous êtes victime de toute forme de barbarie, d'abus, d'harcèlement, de violation abusive de contrat, de discrimination, d'injustice, de déni de justice, ou d'un système de justice corrompue quel qu'en soit le milieu (académique, judiciaire, professionnel, médical, sportif, militaire, politique, affaires, etc.).

TABLE DES MATIÈRES

PROLOGUE

Face à la barbarie,
à une justice corrompue et à la mort

Un cri d'alarme, une interpellation

« **B**rutal! Très brutal! C'est barbare! Moi je n'aurais pas tenu. Je me serais suicidé. »; s'est écrié mon interlocuteur, Joe Spencer, titulaire d'un doctorat d'une université canadienne, professeur d'université.

Il était sous le choc, indigné, très en colère, révolté. Il l'avait dit avec aussi un profond sentiment de tristesse et de sympathie pour moi.

Il l'avait répété à plusieurs reprises.

C'était à l'occasion d'une longue conversation sur ce livre et sur cette affaire judiciaire connue et répertoriée sous le nom *Zabo vs. Université d'Ottawa.*

« C'est répugnant! Un vrai cauchemar! C'est très méchant ce qu'ils t'ont fait! Je ne comprends pas l'Université d'Ottawa (uOttawa)! Ça ne se fait pas! C'est de la folie! »

« Comme tu dis, on voit assez clairement la main noire de ton ancienne directrice de thèse derrière tout ça. C'est immoral! »

« Avait-elle un problème? Elle t'en voulait pour quelque chose? C'est scandaleux! »

« Je ne comprends vraiment pas l'uOttawa! Comment a-t-elle pu couvrir toute cette barbarie? »

« En plus, en violation de ses propres règlements. C'était un contrat! »

« Moi aussi j'en avais un contrat de thèse, avec mon université, quand je rédigeais ma thèse. »

« Il y a aussi les règlements propres à chaque Faculté, domaine et niveau d'études! »

« Il n'y a rien de normal dans cette affaire! »

« C'est trop brutal et barbare ce qu'ils ont fait! »

« Je me sens très mal. »

« J'ai été étudiant. Je sais ce que ça prend comme sacrifices pour faire son doctorat. Pendant que je faisais le mien, si à mon université on m'avait fait ce qu'ils t'ont fait à l'uOttawa, moi je n'aurais pas tenu. Je me serais suicidé; c'est sûr! »; avait-il en substance poursuivi.

« La justice universitaire interne à l'uOttawa, tu ne pouvais donc pas compter sur elle à cause notamment de cette culture de discrimination systémique dont elle est accusée depuis des années, telle que tu me l'as expliquée, ainsi qu'à cause de cette curieuse coutume de violation systémique des règlements pour certaines fins contraires aux règlements, telle qu'ils t'ont avouée? »

« Ça ne se fait pas! »

« Je ne comprends pas l'uOttawa! »

« Quant à la justice judiciaire, comment peut-elle parvenir à de telles conclusions? C'est scandaleux! »

« Le dossier est pourtant très clair, tout comme la preuve contre l'uOttawa dans cette affaire. »

« Ce n'est pas juste! Que les juges disent ce qu'ils ont dit et fassent ce qu'ils ont fait, je pense qu'on a un sérieux problème avec la justice! »

« Comme tu dis, si la justice est corrompue et se comporte de cette manière dans de telles causes d'action bien fondées en droit et en faits, le justiciable doit alors se tourner vers qui pour obtenir justice? »

« C'est révoltant! »

« Moi, des histoires comme ça m'affectent, me causent beaucoup de stress et me rendent malade. »

« Moi je n'aurais pas tenu. Je me serais suicidé. »; avait-il en substance conclu.

Un combat pour la justice

En tant que communauté d'individus nés tous « libres et égaux en dignité et en droits » (*Déclaration universelle des droits de l'Homme*, article 1er) et aspirant tous à la justice, à la dignité et à l'égalité devant la loi et dans la société, combien de fois devons-nous entendre de telles histoires ou réactions en disant chacun de son côté « cela ne me regarde ou ne me concerne pas »?

Devons-nous attendre que cela nous arrive personnellement ou arrive à l'un des nôtres pour dire « cela n'arrive pas qu'aux autres »?

Devons-nous attendre jusqu'à ce moment-là pour commencer alors chacun de son côté à nous battre pour la justice? Est-ce la meilleure façon d'agir?

Non! Les choses ne doivent pas en rester là! Elles doivent évoluer. Les choses doivent impérativement changer! Nous devons tous faire quelque chose à cet effet!

Nous devons définitivement faire quelque chose, tous ensemble.

Étant né et ayant grandi une partie de ma vie en Afrique, plus spécifiquement en République démocratique du Congo (ex. Zaïre), je n'aurais jamais pensé que je pouvais être aussi désabusé par la justice tant universitaire que judiciaire dans un pays démocratique et modèle comme le Canada où je vis depuis 1994.

À cause de l'état corrompu de la justice en la matière et du déni de justice vécu dans cette affaire, je demeure profondément désabusé par la justice.

Je suis sorti de mon expérience très abattu sur tous les plans, complètement démonté et désillusionné.

Comment faire ou continuer à faire confiance à la justice humaine dans les conditions et circonstances de cette affaire?

Je croyais pourtant à la justice avant tout ça. Je suis depuis lors plus que jamais sceptique, voire incrédule.

Car la justice ou plutôt l'injustice m'a tué. Elle l'a fait alors que j'étais déjà victime de barbarie et d'injustice délibérée de la part de l'uOttawa et que je m'étais tourné en fin de compte vers la justice judiciaire pour obtenir le rétablissement de la justice et réparation pour les préjudices incommensurables subis.

En lieu et place, la justice et l'uOttawa m'ont détruit sur tous les plans de ma vie et de mes projets de carrière. Ils m'ont enterré vivant.

Mon seul péché, c'est d'avoir en toute légitimité osé demander justice face à des représentants et à une puissante institution protégés et immunisés de fait, par "le système".

C'est injuste. C'est illégal.

Heureusement que mon Dieu n'a pas encore rendu son jugement à Lui. Mon Dieu n'a pas encore dit son dernier mot, ni sur ma vie, ni sur cette affaire, ni sur mes bourreaux. Dieu est mon espoir, unique, ultime, et Il est fidèle. Il est le seul vrai juge, mon seul vrai juge, le seul juste juge pour tous. Il jugera chacun de nous dans cette affaire. Il me rendra justice. Il me vengera. À Lui la vengeance. J'ai foi en Lui. Sa justice est juste et parfaite.

Je sais qu'Il va me délivrer des mains de mes bourreaux. Je sais qu'Il va me réhabiliter.

En attendant, mon cœur saigne, fort, très fort, de rage, d'amertume, de tristesse. J'ai le cœur brisé chaque fois que je parle de tout ceci, de cette horrible affaire, de tout ce que j'ai subi comme barbarie et injustice, de tout le martyr vécu aussi bien à l'uOttawa que devant les juridictions et juges judiciaires concernés.

Or, il ne se passe pas un seul jour sans que j'y pense, sans que j'en parle, depuis toutes ces années. C'est chaque jour, en effet, que j'en souffre.

Et les préjudices et les effets néfastes, très dévastateurs, continuent sur tous les plans de ma vie.

Je ne pouvais dès lors garder le silence plus longtemps. Je me devais d'écrire ce livre. C'en était trop. Il était plus que temps.

Depuis bien longtemps j'ai en effet envie de crier, de crier fort, bien fort, très fort.

Depuis bien longtemps j'ai envie de dénoncer, d'être entendu, notamment de monter s'il le faut sur les toitures des immeubles les plus élevés du monde, juste pour crier. Juste pour crier ma colère, ma frustration, ma profonde peine, mon sentiment légitime d'injustice.

Aussi, pour voir notamment la réaction de ceux et celles qui voudront bien enfin m'entendre, relayer et plaider ma cause.

Où sont-ils, où êtes-vous, tous ceux et celles épris de justice, de liberté, d'égalité, de solidarité, de fraternité?

Qui voudra enfin entendre ma cause?

Où êtes-vous?

Les juges, les hommes et femmes politiques, les journalistes, se sont fermé les oreilles, les yeux et la bouche sur cette affaire.

Timidement la Radio de Radio-Canada en avait parlé au tout début des procédures judiciaires. Je leur en suis reconnaissant. Et puis plus rien.

Les autres médias et émissions n'ont jamais donné suite à mes coups de fil ni à mes correspondances.

Personne ne veut en parler, ni de cette affaire, ni des décisions judiciaires et surtout pas des motifs de ces décisions.

Les raisons de ce refus sont connues. Les principales raisons sont vraisemblablement de deux ordres : "politique", et "culturel".

Tel que nous pouvons tous nous en douter et que d'aucuns me le répètent. Ces deux ordres de raison n'ont vraisemblablement pas non plus été étrangers aux décisions dont j'ai été victime dans cette affaire tant devant la justice interne de l'uOttawa que devant la justice judiciaire.

Comment ne pas alors joindre ma voix à notamment celle du controversé homme d'affaires et homme politique français Bernard Tapie qui dans son livre autobiographique *Gagner* (Paris, 1986) dit que la justice ne se gagne pas au prétoire mais ailleurs?

Sincèrement, nous devons tous faire définitivement quelque chose. En tant que citoyens, nous devons nous assumer. Ce, d'autant plus que aucun d'entre nous n'est au-dessus de la loi.

Ni les membres des organes de recours et d'appel quasi judiciaire au sein des universités, ni les juges, ni l'une ou l'autre partie à un litige, y incluant une institution universitaire aussi puissante que l'Université d'Ottawa!

Personne n'est au dessus de la loi. « *Nemo est supra legis* », dit-on en latin.

Tous, ceux qui ont pour mission de dire le droit, de rendre justice, les parties, etc., sommes tous tenus par la loi. La loi est suprême, générale et impersonnelle.

Elle s'applique à tous, y compris aux personnes morales telles que les universités.

« La loi est dure, mais c'est la loi. » «*Dura lex, sed lex.* », dit-on en latin.

De ce fait, la violation par exemple des règlements d'une université, que ce soit par un étudiant ou (plus grave encore) par une université elle-même via l'un de ses représentants ou l'un de ses organes, constitue une violation de contrat.

Lorsqu'une telle violation des règlements et une rupture abusive de contrat sont alléguées dans une demande introductive d'instance dans le cadre d'une action en responsabilité civile en dommages-intérêts contre une telle université, aucun juge ne peut priver le justiciable concerné de son droit au procès.

De la même manière, aucun président ou membre d'un organe de recours ou d'appel quasi judiciaire d'une université, ni aucun ombudsman d'une université quelle qu'elle soit, ne peut non plus priver l'étudiant justiciable concerné de son droit à la justice au niveau interne.

Aucun juge n'a non plus le pouvoir d'accorder une immunité, notamment une immunité de juridiction, à une institution universitaire comme l'uOttawa alors que cette immunité n'est pas prévue par la loi ni par les règlements de cette université ni dans aucun autre instrument juridique.

Personne n'est au-dessus de la loi. Les juges, y compris ceux de la Cour suprême du Canada, de la Cour d'appel de l'Ontario et de la Cour supérieure de justice de l'Ontario, ne sont pas au-dessus de la loi. Les représentants des institutions universitaires ainsi que ces institutions elles-mêmes ne le sont pas non plus.

La corruption, la barbarie et l'injustice, d'où qu'elles proviennent, n'ont définitivement pas de place dans la société, dans notre société, dans aucune société dans le monde. Elles doivent être combattues par tous, individuellement et collectivement, partout où elles se trouvent.

Problématique

Comment les justiciables victimes d'actes de barbarie, d'injustice, de déni de justice ou d'une justice corrompue, peuvent-ils se battre pour rétablir la vérité et la justice?

Comment peuvent-ils à cet effet poursuivre leur combat pour non seulement rétablir la justice et leurs droits d'accéder à la justice de manière égale et juste, mais aussi contribuer à restaurer et préserver la justice en tant qu'institution?

Comment un justiciable, notamment un étudiant, peut-il mener son combat jusqu'au bout face à une très puissante institution telle qu'une université?

Comment se battre efficacement pour pouvoir gagner son combat dans le cadre d'une telle relation déséquilibrée et face à une telle très puissante institution "généralement protégée de fait par le système"?

Compte tenu du caractère déséquilibré d'une telle relation ainsi que des rapports de force prévalant, un tel combat, entre David et Goliath, n'est pas évident. Dans tous les cas, il n'est pas gagné d'avance. Il l'est encore moins quand le justiciable livre un tel combat non seulement contre la très puissante institution universitaire concernée, mais en plus aussi contre l'hyper puissante institution judiciaire et donc contre le système judiciaire.

Qu'à cela ne tienne, face la barbarie, à une justice corrompue, à l'injustice, au déni de justice et à la mort, le justiciable n'a pas d'autre choix.

Il doit se battre. Le combat pour la justice, la liberté, l'égalité, est un combat noble. Il n'y a pas de combat plus noble.

Et vous? Qu'en dites-vous?

Avez-vous déjà été victime de barbarie? Savez-vous ce que c'est que la barbarie?

Avez-vous notamment déjà été victime de complot malveillant, de malice, de mauvaise foi, d'abus, d'harcèlement psychologique, de menaces et intimidations, de violation et rupture abusive et discriminatoire d'un contrat?

Avez-vous déjà eu affaire à la justice, que ce soit judiciaire, administrative, universitaire ou autres?

Avez-vous déjà été victime, ou croyez-vous avoir été victime ou l'objet, d'une parodie ou d'un simulacre de justice, d'un déni de justice, d'une injustice délibérée, d'une justice corrompue?

Savez-vous c'est qu'une justice corrompue? Croyez-vous à la justice? Pensez-vous que tous les justiciables sont égaux et libres devant la loi et devant la justice?

Connaissez-vous vos droits? Savez-vous comment vous battre pour la justice et vos droits et libertés fondamentaux?

Avez-vous déjà fait face à la mort?

Avez-vous notamment déjà eu à choisir entre votre liberté et la mort pour défendre vos droits?

Quelles que soient vos réponses à ces questions non exhaustives posées dans ce livre, n'attendez pas de vous retrouver dans de telles situations ou que l'un des vôtres s'y retrouve.

Les fléaux que sont la corruption et la barbarie vous concernent aussi vous-même. Ils nous concernent tous.

Nous devons tous ensemble les combattre où qu'ils se trouvent! Pourquoi devons-nous le faire? Voyons brièvement en quoi ça consiste et comment ces deux fléaux constituent une grave menace pour notre société humaine.

Corruption

Par le mot « corruption » et l'adjectif « corrompu », on entend notamment le fait pour une personne, une chose, une décision, une institution ou un objet, d'être corrompu, altéré, dénaturé, dépravé, perverti, infecté, vicié, déréglé, détérioré.

La corruption est une notion subjective revêtant plusieurs formes.

Elle est notamment active, passive, matérielle, morale, directe, indirecte, publique, privée.

Il s'agit généralement du fait pour une personne (le corrupteur), d'influencer ou d'engager quelqu'un (le corrompu), par des dons (bakchich, dessous-de-table, pot-de-vin), des promesses ou simplement par la persuasion, à agir contre sa conscience, contre les devoirs de sa charge ou de ses fonctions, contre la loi, les règlements, etc.

En définitive, il ne s'agit pas seulement du fait d'ainsi corrompre matériellement ou moralement une personne de manière active.

Il s'agit donc aussi du fait, pour une personne (la personne corrompue), de se laisser corrompre de manière passive et complice en acceptant ou en sollicitant la corruption ou simplement en agissant de son propre fait contre sa conscience, contre les devoirs de sa charge ou de ses fonctions, contre la loi, les règlements, etc.

On parle notamment, dans ce dernier cas, de corruption des mœurs, de corruption de la justice, d'altération du jugement.

Quelle qu'en soit la forme, la corruption doit être impérativement combattue par tous partout où elle se trouve et de partout où nous nous trouvons.

Bien évidemment, dans ce livre nous ne parlons pas de bakchich, etc.

Nous n'accusons personne ni aucune institution d'avoir été soudoyée ou corrompue matériellement!

La corruption dont nous parlons est morale.

C'est-à-dire la corruption comme ce qui est moralement corrompu, altéré, pour diverses raisons autres que matérielles mais en ayant les mêmes conséquences que nous combattons : l'altération du jugement, l'altération de la justice, l'altération du système judiciaire comme en la matière concernée dans cette affaire.

Dans tous les cas, la corruption morale tout comme celle matérielle soulèvent et justifient toutes les deux une réprobation générale.

La corruption doit être combattue parce qu'elle constitue un fléau encré d'une manière de plus en plus inquiétante dans notre société, tant sur le plan personnel des individus que sur le plan national dans les différents pays dans le monde. Cette réalité doit être connue de tous.

J'aimerais illustrer cette réalité pour ce qui est du Canada, pays concerné plus directement par l'affaire *Zabo vs. Université d'Ottawa* discutée dans ce livre.

Je me limiterais à citer à cet effet trois orateurs et spécialistes qui ont récemment fait l'état de la question lors d'une conférence organisée le 9 mai 2015 à l'Université d'Ottawa (comme par hasard!) par deux organismes spécialisés pour les dénonciateurs au Canada, en l'occurrence Canadiens pour la Responsabilité, et Paix, Ordre et Bon Gouvernement.

Intitulée *"Does corruption destroy freedom? / La corruption détruit-elle la liberté?"*, cette conférence était présidée par Allan Cutter, ancien fonctionnaire du gouvernement fédéral du Canada devenu célèbre suite à sa dénonciation de la corruption dans le dossier d'enquête sur les commandites du gouvernement du Canada vers la province du Québec pour barrer la route aux souverainistes québécois.

J'avais pris part à cette conférence, et avec beaucoup d'intérêt. À l'instar d'autres participants, j'y avais moi aussi fait une intervention.

Plus spécifiquement, j'avais pour ma part parlé de mon cas traité dans ce livre, c'est-à-dire de l'affaire *Zabo vs. Université d'Ottawa*.

J'avais fustigé et dénoncé les actes dont j'avais été victime de la part des représentants concernés de l'uOttawa ainsi que les décisions rendues dans cette affaire par les instances de justice universitaire et puis ensuite par les instances judiciaires.

Ce qui n'avait pas manqué de susciter des réactions de divers ordres, surtout en privé dans les couloirs :

« C'est politique. C'est la corruption dont on parle justement dans cette conférence. »;

« Pas étonné! »;

« C'est politique tout ça. Le système est corrompu : la justice à l'Université d'Ottawa, devant les juges, etc. »;

« Très bizarre! »;

« Étonnant! »;

« Stupéfiant! »;

« Regardez, on parle de la corruption ici. Où sont-ils? Ils ont tous été invités : la presse, les autorités politiques, universitaires, judiciaires, etc. Ça ne les intéresse pas! La presse, quant à elle, elle aime le sensationnel et les coups d'éclats qui peuvent l'aider à se vendre, à augmenter son chiffre d'affaires. Autrement elle ne vient pas elle non plus! Pas étonnant qu'elle ne parle pas de votre cas non plus! Vous n'avez encore rien fait de sensationnel! Publiez votre livre, faites quelque chose de plus remarquable qui suscite l'intérêt ou la réprobation du grand public et vous verrez! Pour les autres, c'est-à-dire les autorités politiques, universitaires, judiciaires, que des ONG parlent de la corruption, organisent une conférence pour parler de la corruption à Ottawa, ça change quoi? La question ne les intéresse pas! C'est ça la réalité! ».

Durant sa présentation, le premier orateur, Michel Drapeau (avocat, professeur de droit à la Faculté de droit de l'Université d'Ottawa), avait dit et résumé de manière assez accentuée et complète la réalité des choses tant sur le plan des individus qu'à l'échelle du Canada. Il avait dit ceci :

« La corruption est présente dans les petites et grandes doses. Elle est souvent multicouches. Nous sommes tous en quelque sorte corrompus, que ce soit subjectivement ou objectivement. La plupart d'entre nous sont devenus immunisés et insensibles à la corruption. La plupart d'entre nous disent simplement : c'est "du déjà-vu". La corruption est devenue un mode de vie au Canada. Nous avons des valeurs que nous décidons de ne pas respecter. Personne ne devrait être immunisée, ni être au-dessus de la transparence, y compris les juges de la Cour suprême du Canada. ».

Le deuxième orateur, Steve Hindle (vice-président de l'Institut professionnel de la fonction publique du Canada, PIPSC), avait pour sa part dit notamment ceci pour nous faire comprendre la réalité de la corruption sur le plan individuel :

« Je suis corrompu parce que je suis un être humain. Tout le monde a un prix. Mais le prix de faire quoi? »

Enfin, le troisième, Norman Rabin (président de Success Mentors International), avait conclu en disant notamment : « La corruption corrompt tout. »

De ce qui précède, la gravité et la réalité de la corruption tant sur le plan personnel des individus qu'à l'échelle nationale du Canada ne font à mon avis l'ombre d'aucun doute et ne sont dès lors plus à démontrer : « La corruption est devenue un mode de vie au Canada. »; La plupart d'entre nous sont devenus immunisés et insensibles à la corruption. »; « La corruption corrompt tout! »; « Personne ne devrait être immunisée, ni être au-dessus de la transparence, y compris les juges de la Cour suprême du Canada. »

Telle est aussi ma compréhension de cette situation eu égard à ce que j'ai vécu dans cette affaire, y compris à la Cour suprême du Canada (tel que vous verrez dans le Volume 2 du livre).

Tel est également aussi le sens de mon combat. J'ose espérer que ce qui précède aide également à mieux comprendre la pertinence de ce combat mené par le biais de ce livre, contre non seulement la barbarie mais aussi et surtout contre une justice corrompue dans cette affaire et en la matière (les litiges découlant de la violation des règlements de nos universités par elles-mêmes, leurs représentants –professeurs, doyens- et organes de recours, et de l'inexécution ou de la rupture abusive du contrat université-étudiant, y incluant les contrats de thèse).

Barbarie

En ce qui concerne l'autre fléau dénommé la « barbarie », ses définitions et synonymes suffisent à ce stade-ci pour comprendre pourquoi elle ne peut pas elle non plus être acceptée dans notre société humaine et qu'elle doit de la même manière être combattue par tous.

Les synonymes non exhaustifs suivants peuvent être retenus pour définir le mot barbarie : sauvagerie, brutalité, atrocité, bestialité, cruauté, férocité, sadisme, acharnement, inhumanité. Ces mots combien forts se passent de tout commentaire.

On peut y ajouter l'excellente définition complète suivante, donnée par le juriste et auteur français André Vitu :

« L'acte de barbarie est celui par lequel le coupable extériorise une cruauté, une sauvagerie, une perversité qui soulève une horreur et une réprobation générale. »[1]

Pour finir, je mentionnerais aussi la définition donnée par l'avocat français Gilles Devers dans un article intitulé « Mais qu'est-ce qu'un acte de barbarie? », dans lequel il avait aussi cité André Vitu. Il y définit quant à lui la barbarie et les actes barbares comme étant :

« les actes qui paraissent contraires à toute notion de culture ou de civilisation. »[2]

En définitive, les définitions du mot barbarie suffisent à elles seules aussi pour justifier le combat mené à travers ce livre pour justement obtenir notamment cette réprobation générale dont parle aussi André Vitu dans son excellente définition ci-dessus.

Approche de combat

Tous, en tant que justiciables, en tant que société, devons donc impérativement agir, aussi bien individuellement que collectivement. Tous devons faire quelque chose, dénoncer, prendre toute action appropriée pour rétablir, restaurer et préserver la justice dans la société ainsi que l'égalité de tous devant la justice et devant la loi.

Personne n'est à l'abri. Surtout si rien n'est fait pour dénoncer tout cela au grand jour, collectivement et exprimer ainsi ensemble la réprobation publique générale requise.

Le sujet et l'histoire relatés dans ce livre publié en deux volumes concerne tout le monde, nous concernent tous, concernent et concerneront à jamais tous nos enfants, petits-enfants, amis et autres membres de famille.

---

[1] André Vitu, cité par Gilles Devers, *Mais qu'est-ce qu'un acte de barbarie?*, Actualités du droit, *La place de la justice dans la société*, 04/08/2008.
[2] Gilles Devers, *Ibid.*

Personne n'est à l'abri de la barbarie, de l'injustice, d'une justice corrompue. Tous, devons vivre libres.

Tous devons nous battre, y compris les uns pour les autres, pour vivre libres et égaux devant la loi et devant nos droits et libertés fondamentaux.

Tous, en effet, avons le droit de jouir de notre liberté, de manière juste et égale. Nous devons à cet effet nous battre pour nos droits.

Nous devons être prêts à nous battre jusqu'au sacrifice suprême pour nos droits.

Ce d'autant plus que la liberté, la justice, l'égalité ne se transigent et ne se négocient pas.

Ce sont des valeurs sacrées pour lesquelles nous devons nous battre jusqu'au bout et même nous battre pour autrui.

Ingrid Betancourt, très célèbre activiste franco-colombienne engagée dans la lutte contre la corruption et la défense des droits de la personne dans le monde, l'avait elle aussi dit aux étudiants et autorités de l'uOttawa le 25 octobre 2015 lors des cérémonies de graduation d'automne 2015.

Honorée à cette occasion par l'uOttawa (!) avec l'attribution d'un doctorat *honoris causa* en reconnaissance de son combat contre la corruption et les violations des libertés et des droits fondamentaux de la personne dans le monde, elle leur avait dit notamment ceci lors de son allocution :

« La liberté définit notre dignité, définit notre identité. ... L'égalité a construit le monde dans lequel nous vivons. Nous devons nous battre pour l'égalité dans le monde. ... Vous avez le devoir de lutter pour ceux qui n'ont pas accès à ces valeurs dans le monde. ... Soyez solidaires avec ceux qui désirent un monde d'égalité. Vos décisions professionnelles sont importantes. ... Vous avez le devoir de lutter pour la liberté dans vos communautés, dans votre pays et au-delà de leurs frontières. »[3]

---

[3] Voir les citations pertinentes sur Twitter ainsi que ces liens :
http://www.uottawa.ca/president/ingrid-betancourt;
http://ottawacitizen.com/news/local-news/former-hostage-and-freedom-activist-receives-honorary-doctorate-at-u-of-o;
http://www.uottawa.ca/gazette/en/news/ingrid-betancourt-receives-uottawa-honorary-doctorate

Le message a-t-il été reçu par les autorités dirigeantes et autres représentants de l'uOttawa? Y compris en rapport avec le traitement des plaintes, recours et appels des étudiants au sein de cette institution et devant ses organes de recours et d'appel quasi judiciaires? « *Wait and see!* », dit-on en anglais.

Qu'à cela ne tienne, mon approche ultime de combat était déjà tracée bien des années déjà avant : vivre libre ou mourir.

Vivre libre ou mourir est définitivement l'approche ultime de combat proposée. Vivre libre et se battre jusqu'au bout pour ses droits à la justice et à l'égalité devant la loi et devant la justice, et pour le rétablissement de la justice dans cette affaire ainsi que dans la société. C'est la réponse ultime que ce livre vous propose!

Go public! Dénoncez! Ne devenons pas complices de la barbarie vécue et dénoncée dans cette affaire. Ne devenons pas complices, passifs ou actifs, objectifs ou subjectifs, d'une justice corrompue! Levons-nous de manière solidaire pour y mettre fin. Levons-nous tous ensemble!

Telle est la réponse à donner plus spécifiquement dans cette affaire, face aux actes barbares et à une justice corrompue que l'uOttawa et certains juges veulent nous imposer en violation de nos droits, de nos libertés fondamentales garanties, de la loi et des règlements. Aussi, une réprobation générale du grand public s'impose.

Inspiré plus particulièrement par les citations à valeur et caractère universel de Martin Luther King Jr. telles que « une injustice quelque part est une menace pour la justice dans le monde entier », « un déni de justice n'importe où diminue la justice partout », « nos vies commencent à se terminer le jour où nous devenons silencieux au sujet de choses qui comptent », l'auteur vous invite à exprimer de manière forte la réprobation générale due pour assurer que plus jamais personne, aucun(e) étudiant(e), aucun(e) autre justiciable, ne vive ce que l'auteur a vécu.

CHAPITRE 1

Il était une fois une entente...

Contexte

Il était une fois : - un étudiant, votre humble auteur; - un professeur directeur d'un programme de doctorat en droit, en l'occurrence le Programme de doctorat de la Faculté de droit de l'Université d'Ottawa (ci-après "le Programme"); - une professeure identifiée et nommée directrice de thèse de l'étudiant concerné; et, - une université, en l'occurrence l'Université d'Ottawa (uOttawa).

L'histoire commence entre mai et juillet 1997, quand j'avais fait le déplacement de Sherbrooke (Québec, Canada) à Ottawa (Ontario, Canada) pour discuter notamment de mon projet et sujet de thèse avec le directeur dudit Programme, trouver un directeur ou une directrice de thèse et faire ma demande d'admission.

L'objectif était d'obtenir de l'uOttawa le prestigieux et tant convoité diplôme de Ph.D. (de l'expression latine « *Philosophiæ doctor* ») ou LL.D. (de l'expression latine « *Legum Doctor* » *qui veut* spécifiquement dire « docteur en droit »), en droit international.

C'était pour ainsi poursuivre mes très ambitieux objectifs de carrière définis depuis mon enfance.

C'était un rêve d'enfance. Un rêve brisé de manière barbare et injuste, mais que je caresse encore et poursuis.

Créée en vertu de la Loi 158 (*Loi concernant l'Université d'Ottawa*) de la province de l'Ontario, du 21 juin 1965, l'uOttawa a notamment pour mission et objectif de :

« 4(b) Assurer, en conformité des principes chrétiens, l'épanouissement intellectuel, spirituel, moral, physique et social, de ses sous-gradués, de ses gradués et des membres de son corps enseignant, développer parmi ceux-ci l'esprit communautaire et travailler à l'amélioration de la société. »

J'avais donc à ces fins-là fait le voyage par route entre mai et juillet 1997 et puis ensuite déménagé à Ottawa en août 1997 avec toute ma famille, incluant mon (ex) épouse dont je suis aujourd'hui séparé ainsi que deux fils âgés respectivement à l'époque de 5 ans et de 2 ans.

À l'époque je venais d'obtenir ma deuxième maîtrise, en gestion et développement des entreprises coopératives, de la Faculté d'administration de l'Université de Sherbrooke. J'avais avant ça obtenu une maîtrise en droit en 1993, de l'Université de Paris VIII, en France.

En vertu des règlements de l'uOttawa, j'avais dû d'abord être admis au programme de maîtrise en droit en septembre 1997. J'ai ensuite été transféré au programme de doctorat en janvier 1998, conformément aux règlements de l'uOttawa. Je reviendrai sur cet aspect après.

Permettez-moi d'abord de vous expliquer le début de l'histoire, le déroulement des rencontres initiales ainsi que l'entente intervenue sur le sujet de thèse avec l'uOttawa dès le début conformément aux règlements applicables aux thèses de la Faculté de droit de l'uOttawa.

J'avais alors d'abord rencontré le directeur du Programme de doctorat en droit de l'uOttawa, dont le titre officiel était « codirecteur des études supérieures en droit ».

Il y avait au sein de la Faculté de droit de l'uOttawa un codirecteur pour la section de droit civil et un autre pour la section de la *Common Law*.

Moi je faisais partie de la section de droit civil. Le codirecteur compétent, en l'occurrence celui de la section de droit civil, était directeur du programme de maîtrise ainsi que du programme de doctorat de sa section au sein de la Faculté de droit de l'uOttawa.

Après discussion avec lui, il avait approuvé mon sujet de thèse et identifié une directrice de thèse pour la diriger.

Au sein de la section de droit civil de la Faculté de droit de l'uOttawa, c'était elle qui paraissait, aux yeux du directeur du Programme, être spécialiste du sujet et du domaine de mon projet de thèse pour pouvoir diriger ma thèse avec compétence.

C'est ce qu'il m'avait dit.

Il avait ainsi discuté avec elle de mon sujet et projet de thèse. Elle l'avait approuvé et elle avait accepté aussi d'être nommée comme directrice de thèse.

J'étais ensuite entré en communication avec elle, à la demande du directeur du Programme. On avait, elle et moi, conséquemment discuté de mon sujet et projet de thèse concerné. Elle m'avait à cette occasion confirmé son approbation de mon sujet et projet de thèse ainsi que son acceptation d'être nommée par le directeur du Programme à titre de directrice de thèse. Ce dernier l'avait nommée conséquemment.

Termes de référence et objet de l'entente dès le début

Le titre du projet de thèse initial soumis et approuvé depuis le début, le 8 juillet 1997, soit au moment de la demande d'admission, était :

« La Banque africaine de développement (BAD) : cadre juridique des opérations et perspectives de renforcement de la coopération avec d'autres organismes de développement. »

Son objet initialement, tel qu'indiqué dans ledit projet de thèse du 8 juillet 1997, était comme suit :

« La Banque africaine de développement est une institution financière internationale qui a pour but de "contribuer au développement économique et au progrès social des États membres régionaux, individuellement et collectivement. »;

« Pour atteindre son but, se conformant scrupuleusement à ses fonctions qui lui sont dévolues en vertu de l'article 2 de l'Accord, elle effectue un certain nombre d'opérations dont nous nous proposons d'étudier la nature, la teneur et les aspects juridiques, en plus de préciser les bénéficiaires. »;

« Compte tenu des ressources financières plutôt limitées de cette institution, ..., il est aussi substantiel d'analyser également les perspectives de renforcement de la coopération entre elle et les autres organismes de développement. ».

Quel que soit leur titre légèrement modifié plus ou moins au cours de l'évolution de la recherche et de la rédaction de ma thèse, les différents projets de thèse actualisés successivement (du 8 juillet 1997[4], aux 20 janvier 1998[5], 6 décembre 1988[6], 28 mai 1999[7], 20 juin 1999[8], 20 juin 1999 réenregistré le 12 mai 2000[9]) et soumis n'ont jamais eu pour objet que d'effectuer une analyse juridique de la BAD en tant que personne morale de droit public international, institution financière internationale (IFI) et banque multilatérale de développement (BMD).

---

[4] Sous le titre « *La Banque africaine de développement : cadre juridique des opérations et perspectives de renforcement de la coopération avec d'autres organismes de développement*», projet de thèse, Faculté de droit, Université d'Ottawa, 8 juillet 1997, 1 p.

[5] Sous le titre « *La Banque africaine de développement : Aspects juridiques et cadre de coopération avec la Banque mondiale* », projet de thèse de doctorat, Faculté de droit, Université d'Ottawa, 20 janvier 1998, 3 p.

[6] Sous le titre « *La Banque africaine de développement à l'heure de la mondialisation : caractéristiques juridiques et politiques opérationnelles* », projet de thèse de doctorat, Faculté de droit, Université d'Ottawa, 6 décembre 1998, 29 p.

[7] Sous le titre « *La Banque africaine de développement à l'heure de la mondialisation : réformes, africanité et stratégie des opérations* », projet de thèse de doctorat, Faculté de droit, Université d'Ottawa, 28 mai 1999, 4 p.

[8] Sous le titre « *La Banque africaine de développement : Aspects juridiques, financement et politiques des opérations* », projet de thèse de doctorat, Faculté de droit, Université d'Ottawa, 20 juin 1999, 2 p., enregistré officiellement par la FÉSP et l'UO le 31 août 1999.

[9] Sous le titre « *La Banque africaine de développement : Aspects juridiques et politiques de financement des opérations* », projet de thèse de doctorat en droit, Faculté de droit, Université d'Ottawa, 20 juin 1999, 2 p., réenregistré officiellement par la FÉSP et l'UO le 12 mai 2000 à l'occasion du changement de directeur de thèse.

Il a toujours été question d'une étude d'analyse juridique du droit international institutionnel de la BAD, de ses statuts, de ses opérations, des fonctions statutaires qu'elle est tenue d'exercer en vertu de l'article 2 de ses statuts pour atteindre son but défini à l'article 1 de ses statuts. Ce, d'autant plus que les statuts de la BAD, en son article 2.3, énonce que : « Dans toutes ses opérations, la Banque s'inspire des dispositions des articles premier et 2 du présent Accord. »[10]

Ainsi, le sujet de thèse convenu ne consistait donc non pas en une étude d'analyse socio-économique des projets de développement ni du bilan économique et social réel de la BAD au développement de l'Afrique.

Il s'agissait en fin de compte d'analyser les aspects juridiques constitutifs de la BAD, ses fonctions, ses politiques, les instruments et conditions de financement de ses opérations, ainsi que les différentes réformes juridiques intervenues en son sein depuis sa création en 1963 jusqu'aux réformes entreprises en 1997 et entrées en vigueur en 1999.

Son objet était de démontrer que la BAD était outillée, revigorée et qu'elle avait la capacité de continuer à assumer ses fonctions pour atteindre son but conformément à ses statuts juridiques et de contribuer ainsi au développement des pays africains conformément à ses statuts.

Le but de la BAD, aux termes de l'article 1er de ses statuts, est de contribuer au développement économique et social de ses États membres africains et de l'Afrique. Conformément à ses statuts, c'est par l'exercice et donc par la mise en œuvre effective de ses fonctions statutaires que la BAD atteint son but. Ma thèse juridique concernée s'articulait dès lors essentiellement sur l'analyse des fonctions que la BAD exerce pour atteindre son but.

Elle analyse juridiquement la capacité de la BAD d'exercer ses fonctions ainsi que la mise en œuvre effective de ses fonctions, en donnant à titre illustratif des exemples chiffrés de certaines activités opérationnelles financées par cette institution en faveur du développement des pays africains. Elle conclut ainsi en fin de compte à l'atteinte, par la BAD, de son but.

---

[10] BAD, « *Accord portant création de la Banque africaine de développement* », article 2.3.

En vertu de l'article 2 de ses statuts, « pour atteindre son but, la BAD exerce les fonctions suivantes », que je résume en substance comme suit :

- financer des projets et des programmes d'investissement tendant au développement des États membres africains (2.1.a.);

- préfinancer des activités tendant au développement desdits États (2.1.b.);

- Mobiliser les ressources destinées au financement des projets et des programmes d'investissement tendant au développement desdits États (2.1.c.);

- favoriser l'investissement en Afrique de capitaux publics et privés dans des projets et programmes de nature à contribuer au développement desdits États (2.1.d.);

- fournir l'assistance technique qui permettrait à la BAD d'atteindre son but (2.1.e.);

- entreprendre toutes autres activités et fournir tous autres services qui permettraient à la BAD d'atteindre son but (2.1.f);

- coopérer avec d'autres organisations ayant un but analogue au sien ou s'intéressant au développement de l'Afrique (2.2.).

En résumé, menée et rédigée selon les règles de méthodologie et d'analyse requises dans le domaine de droit, cette étude d'analyse juridique visait à démontrer la capacité de la BAD à exercer ses fonctions conformément à ses statuts juridiques.

J'insiste là-dessus!

Son objet n'était pas d'effectuer analyse économique des projets de développement financés par la BAD dans les pays membres africains bénéficiaires et en Afrique.

Son objet n'était pas non plus de démontrer la contribution économique et sociale réelle de la BAD au développement des pays africains et de l'Afrique.

Une telle étude économique, à mener et à rédiger quant à elle selon les règles de méthodologie et d'analyse applicables en économie et dans les sciences connexes à l'économie, était expressément exclue de ma thèse juridique concernée.

J'insiste aussi là-dessus!

Il ne s'agissait donc pas d'une thèse en économie, en sociologie ou dans les domaines connexes à l'économie et aux sciences sociales. Il s'agissait d'une thèse en droit.

Règlements de l'uOttawa applicables

Les règlements pertinents de l'uOttawa définissant les critères de recherche, de méthodologie, de rédaction et d'évaluation de ces thèses prévoient essentiellement ceci :

- « Les personnes inscrites au doctorat doivent établir leur programme de cours et de recherche selon les règlements en vigueur dans l'unité scolaire responsable du programme. » (Règlement général B.2.3., uOttawa, FÉSP);

- « La rédaction de la thèse doit être conforme aux règles de méthodologie en vigueur dans l'unité scolaire où les études sont poursuivies. » (Règlement général G.3., uOttawa, FÉSP);

- « La thèse de doctorat (en droit) doit être le résultat d'une recherche approfondie et démontrer une connaissance exhaustive de la littérature juridique se rapportant au sujet traité. Elle doit être une contribution significative à l'avancement de la science juridique et être d'une qualité telle qu'elle mérite d'être publiée. » (Règlement spécifique «Droit», DCL-12, uOttawa, FÉSP, Droit).

C'est en conformité avec les règlements pertinents que mon sujet/projet de thèse avait été approuvé dès le début, par le Directeur du Programme et par la directrice de thèse nommée.

Ils l'avaient initialement approuvé comme sujet de thèse dès le 8 juillet 1997 au niveau du programme de maîtrise en droit où j'avais d'abord dû m'inscrire vu que j'avais un diplôme de maîtrise en droit d'une université étrangère, et que le système de DEA (Diplôme d'études approfondies) préalable au doctorat n'existe pas -et n'est pas d'application- en Amérique du nord.

Ils avaient ensuite confirmé l'un et l'autre leur approbation du même sujet de thèse comme sujet de thèse de doctorat en janvier 1998, lors de mon transfert effectif au programme de doctorat concerné.

Les règlements pertinents (Règlement spécifique «Droit», DCL-12) de l'uOttawa prévoient en effet un tel transfert pour ceux des étudiants qu'elle considère « étudiants exceptionnels », au terme des résultats respectifs obtenus au cours d'une session donnée. En effet, ces règlements énoncent ce qui suit :

« Pour être admissible au programme de doctorat en droit, il faut être titulaire d'un diplôme de deuxième cycle en droit ou un diplôme équivalent d'une université canadienne obtenu avec une moyenne générale pondérée minimale de "B+" (75%) ou d'un diplôme étranger équivalent avec des résultats jugés comparables. Des étudiants exceptionnels inscrits au programme de maîtrise peuvent faire la demande d'être admis au doctorat avant d'avoir satisfait à toutes les exigences du programme de maîtrise. Pour présenter une telle demande, il faut au préalable: avoir terminé sa scolarité de maîtrise avec une moyenne minimale de A- (80%); avoir démontré son aptitude à faire de la recherche au niveau du doctorat; et avoir obtenu le consentement par écrit d'un professeur membre de la Faculté des études supérieures et postdoctorales de diriger sa thèse de doctorat. (...). »

J'avais à cet effet terminé ma « scolarité de maîtrise avec une moyenne minimale de A- » requise. De même, j'avais « démontré *mon* aptitude à faire de la recherche au niveau de doctorat » en obtenant la note A dans un travail de recherche dirigée portant sur « *Le contexte historique et juridique de création de la Banque africaine de développement (BAD)* », de 70 pages, supervisé par la même directrice de thèse concernée. Avec ça, le chapitre préliminaire de ma thèse doctorale finale était fait. Aussi, une bonne partie de la recherche sur mon sujet de thèse de doctorat était complétée d'avance avant mon transfert.

La directrice de thèse avait autorisé que je poursuive ma thèse sur le même sujet. À sa demande, je lui avais à cet effet soumis un projet de thèse de doctorat révisé portant sur le même sujet, le 20 janvier 1998.

Le Directeur du Programme avait lui aussi de son côté approuvé et confirmé aussi bien le transfert que l'autorisation de poursuivre ma thèse au niveau doctoral sur le même sujet de thèse. La Faculté des études supérieures et postdoctorales ("la FÉSP") avait ainsi approuvé mon transfert.

Tout était parfait jusque-là.

Inscrit en janvier 1998 au programme de doctorat en droit, avec le même sujet de thèse, la même directrice de thèse, la continuité quoi! Et puis...

Et bien, ça n'avait pas pris longtemps!

Les premiers conflits ou plutôt actes de barbarie, sur fond notamment de violation abusive et délibérée des règlements de l'uOttawa et du sujet de thèse convenu, d'harcèlement psychologique, d'abus excessif de pouvoir, d'intimidation, de propos injurieux et désobligeants, de discrimination, d'incompétence, de trous de mémoire ou d'amnésie, de malice et de mauvaise foi, et de complot malveillant orchestré par la directrice de thèse (pour me contraindre à l'abandon et à l'échec), avaient commencé assez rapidement et s'étaient poursuivis avec la même directrice de thèse, sur le sujet et l'objet de la thèse juridique convenus.

CHAPITRE 2

Au commencement de la barbarie était ...

Une professeure de droit et directrice de thèse unique en son genre

Dès environ septembre1998 jusqu'en avril 1999, les agissements, commentaires et exigences de la directrice de thèse lors de nos rencontres de supervision de thèse commençaient à laisser apparaître ses limites à comprendre le sujet et à diriger cette thèse, sa mauvaise foi, une certaine discrimination en raison de la nature ou de l'origine africaine de l'institution financière internationale faisant l'objet de ma thèse, ainsi qu'une une certaine animosité de sa part.

À une ou deux reprises, elle avait commencé à montrer une perte d'intérêt sur le sujet juridique de la thèse, sur l'objet de cette thèse ainsi que sur l'institution Banque africaine de développement (la BAD) étudiée.

En lieu et place, elle avait commencé à exiger que je fasse désormais ma thèse sur un autre sujet : une étude d'analyse économique des projets de développement financés par la BAD et ayant pour objet de démontrer la contribution économique et sociale réelle de la BAD au développement de l'Afrique.

Je me retrouvais ainsi coincé avec deux sujets de thèse différents et dans deux domaines différents. D'une part, un sujet de thèse juridique, qui était le mien, visant « à démontrer la capacité de la BAD...» en recourant aux méthodologies de recherche et d'analyse propres au domaine du droit ainsi qu'aux critères de rédaction et de grade définis dans les règlements de l'uOttawa applicables aux thèses du programme de doctorat en droit de l'uOttawa.

Et d'autre part, un sujet de thèse économique, qu'elle m'imposait, visant à « démontrer la contribution économique et sociale réelle de la BAD au développement ... », au moyen d'une « analyse économique des projets de développement » et en recourant à des règles de méthodologies et à des critères autres et contraires à ceux définis à l'uOttawa pour les thèses du Programme de doctorat en droit de l'uOttawa. Dans ce sujet de thèse, je devais aussi, selon ce qu'elle m'imposait, étudier également de manière approfondie la mondialisation économique.

Elle avait, de surcroît, commencé à dénigrer en plus la personne morale du droit international et IFI qui était l'objet de mon analyse juridique et de ma thèse : la BAD. Elle disait que les résultats n'étaient pas là, que le bilan de la BAD sur le développement économique et social de l'Afrique était nul ou insignifiant, que la BAD ne servait à rien et qu'il fallait la démanteler. Et elle persistait en ajoutant que si la BAD était outillée et revigorée tel que je prétendais (selon elle!), la BAD aurait déjà réussi à développer l'Afrique.

Elle expliquait sa théorie en disant que l'Afrique n'était toujours pas développée, que les problèmes de développement économique et social de l'Afrique s'aggravaient, que l'Afrique demeurait marginalisée à l'ère de la mondialisation économique, que la BAD ne l'avait pas développée et n'arrivait pas à la développer. Elle tirait alors sa conclusion à l'effet qu'il fallait démanteler la BAD.

Sur quoi se fondait-elle pour dire tout ça? Est-ce la mission d'une IFI comme la BAD, la Banque mondiale ou encore le Fonds monétaire international (FMI), de développer un État, des États ou un continent?

N'incombent-ils pas aux États eux-mêmes de se développer respectivement?

Le développement d'un État n'incombe-t-il pas au premier chef à chaque État?

Les autres acteurs internationaux bilatéraux et ceux multilatéraux comme la BAD et la Banque mondiale n'ont-elles pas simplement pour mission de contribuer audit développement des États membres sans s'ingérer aux affaires intérieures ni se substituer aux États membres dans la responsabilité de chaque État membre d'assurer son propre développement économique et social?

La directrice de thèse, "spécialiste du sujet" au sein de la Faculté de droit de l'uOttawa, ne savait-elle pas tout ça?

Devait-elle le savoir? Aurait-elle dû savoir?

Pouvait-elle, réellement, ignorer ou ne pas savoir tout cela?

Qu'à cela ne tienne, elle avait commencé à me dire que c'était utopique de ma part de viser à démontrer l'objet de ma thèse telle que définie. Car, pour elle, me disait-elle, la BAD ne servait à rien, n'avait pas réussi à développer l'Afrique, que sa contribution réelle au développement de l'Afrique était nulle ou insignifiante, etc., et qu'il fallait la démanteler.

Elle commençait par ailleurs à me dire qu'elle connaissait mieux la Banque mondiale et à m'imposer de manière plus insistante à réorienter ma thèse aussi sur l'étude de la mondialisation économique.

Malgré mes explications insistantes sur le but et les fonctions de la BAD en vertu de ses statuts ainsi que sur le cadre et l'objet juridique de mon sujet de thèse, elle persistait dans ses conclusions.

Ce faisant, elle m'avait pour finir défié de lui démontrer la contribution économique et sociale réelle ainsi que l'impact réel de la BAD sur le développement des pays africains et de l'Afrique.

Elle avait alors renchéri en me demandant de réorienter à cet effet ma thèse sur un nouveau sujet : une étude d'analyse des projets de développement financés par la BAD et ayant pour objet de démontrer la contribution économique et sociale réelle de cette institution, sur le développement de l'Afrique.

Une farce?

Dans un premier temps, j'avais cru que c'était une farce. Malheureusement, c'en n'était pas une.

Je lui avais alors répondu que tel n'était ni le sujet ni l'objet de ma thèse. Je lui avais rappelé mon sujet de thèse et son objet juridique. Elle avait persisté malgré tout.

Alors, avec tact, je lui avais très gentiment et poliment parlé de trois thèses de doctorat en droit similaires à la mienne. Ceux-ci avaient aussi été publiés sous forme de livre.

Je lui avais précisé que deux de ses thèses (de 1975 et de 1982) portaient sur la BAD et une (de 1972) sur la Banque mondiale.

Je lui avais dit que je me servais de ces trois thèses de référence comme modèles et que ces thèses permettaient aussi de voir comment les thèses de doctorat en droit sur les études d'analyse juridique du droit institutionnel des IFI de développement comme la BAD et la Banque mondiale étaient rédigées.

J'avais précisé que ces trois thèses de référence en la matière ne contenaient que des analyses et démonstrations juridiques en conformité avec la méthodologie d'analyse juridique que moi aussi j'utilisais et que j'étais tenu d'utiliser moi aussi, pour ma thèse, conformément aux règlements de l'uOttawa applicables aux thèses de son programme de doctorat de la Faculté de droit.

J'avais ensuite ajouté que ces trois thèses modèle donnaient toutefois aussi des illustrations chiffrées des activités opérationnelles financées par la BAD ou par la Banque mondiale, pour appuyer les démonstrations juridiques y faites. J'avais conclu en lui disant que moi aussi je faisais la même chose dans ma thèse et aux mêmes fins.

Cela ne lui avait malheureusement pas fait changer d'avis non plus.

J'étais pourtant convaincu que tel allait être le cas.

Mais elle m'avait dit notamment que je m'entêtais et que c'était dommage.

On s'était ainsi ensuite séparés en queue de poisson.

À une ou deux reprises, j'avais été en discuter avec le directeur du Programme et m'en plaindre. C'était sa responsabilité de suivre le travail et la performance des directeurs et directrices de thèse et de veiller au respect des sujets de thèse approuvés et des règlements du Programme.

Il témoigne lui-même aussi de ces événements, dans son affidavit déposé sous serment à la Cour supérieure de justice de l'Ontario à Ottawa le 16 juillet 2003, au soutien de mon action en responsabilité civile contre l'uOttawa dans cette affaire.

Il en témoigne comme suit, aux paragraphes 28 à 29 :

« 28. ..., monsieur Zabo était venu me voir dans mon bureau à quelque moment entre janvier et mars 1999 pour se plaindre de ce que sa directrice de thèse semblait vouloir lui imposer désormais des analyses approfondies sur essentiellement la question de la mondialisation économique et les projets financés de la BAD, afin de démontrer la contribution économique et sociale réelle de cette institution au développement des pays africains marginalisés par le processus de mondialisation. Il se plaignait de ce que tel n'était pas l'objet de sa thèse et de ce qu'il n'avait pas, en tant que juriste, les compétences requises pour faire une telle étude de nature économique. »;

« 29. Je me rappelle lui avoir dit que, de toute façon, si les aspects économiques prenaient une place trop importante, voire dominante, dans le traitement du sujet de sa thèse, cela pourrait faire courir un sérieux risque qu'un jury rejette la thèse comme n'étant pas une thèse de droit. Je lui ai alors suggéré d'en discuter de nouveau avec sa directrice de thèse et de me tenir informé de l'évolution de choses. ».

C'était peut-être pour lui la meilleure façon de gérer un tel conflit à un tel stade en ce moment là. Je devais donc en discuter de nouveau avec la directrice de thèse et le tenir informé.

CHAPITRE 3

Retour éphémère à la raison, résurgence subite de la barbarie

Retour éphémère à la raison : le feu-vert

Les discussions conséquentes, plus particulièrement à l'occasion de mon examen de synthèse en mai 1999 dans le cadre de l'évaluation de mon progrès annuel, nous avaient permis à tous les trois d'harmoniser de nouveau nos vues sur le sujet et l'objet juridique de mon projet de thèse. Ce qui avait aussi favorisé l'approbation de mon sujet/projet final de thèse et son enregistrement officiel à l'uOttawa en août 1999.

Ce conflit-là était alors ainsi réglé en ma faveur. Difficilement réglé. Mais tout de même.

Elle était revenue à la raison et aux bons sentiments. Mais, de manière éphémère seulement. Elle y reviendra encore après. À ce stade-là, l'essentiel c'est qu'elle était quand même revenue à la raison. Comment cela s'était passé?

Le 25 mai 1999, après près de deux ans de recherche et de rédaction de ma thèse depuis septembre 1997, j'avais dû me soumettre à un examen de synthèse, de manière informelle.

Cet examen, prévu et requis par les règlements de l'uOttawa, avait pour objet de permettre à la directrice de thèse et puis au Directeur du Programme de vérifier et d'assurer que je progressais de façon systématique et continue dans mes travaux de recherche et de rédaction de ma thèse, et que j'évoluais de manière satisfaisante. Ils devaient ensuite en informer la FÉSP, au moyen du formulaire « Rapport annuel sur le progrès de recherche » prévu à cet effet à l'uOttawa. Le tout, conformément aux règlements de l'uOttawa en la matière. En l'occurrence les règlements D.3 et E.6.

Dans le cadre de cet examen et de cette évaluation de progrès, si le directeur de thèse ou le directeur du programme de doctorat concerné juge le progrès d'un étudiant doctorant non satisfaisant, ils peuvent soit carrément lui demander de se retirer du Programme, soit faire des commentaires spécifiques exigeant des révisions, des modifications ou même une réorientation de sa thèse.

En plus, pour toute inscription ultérieure de tout étudiant concerné, les règlements de l'uOttawa exigent un rapport de progrès jugé satisfaisant.

Qu'est-ce qu'ils avaient conclu et écrit dans mon formulaire de rapport de progrès au terme du processus? « Progrès satisfaisant ». Ils avaient respectivement coché la case correspondante et signé ledit formulaire, le 28 mai 1999.

J'avais à cet effet rencontré la directrice de thèse trois jours plutôt et lui avais à cette occasion remis mon rapport de progrès complété.

Tel que requis par les règlements, j'y avais précisé les progrès réalisés dans les activités de recherche et dans la rédaction de ma thèse depuis mon transfert au programme de doctorat en droit en janvier 1998 pour y continuer la rédaction sur le même sujet. J'y avais par ailleurs défini et précisé mes objectifs pour l'année d'après, soit pour l'année 2000.

Je lui avais à la même occasion remis un projet de thèse de quatre pages actualisé en date du 25 mai 1999, aux fins de son évaluation de mon progrès. Ce projet de thèse portait toujours sur le même sujet : une étude d'analyse juridique du droit international institutionnel de la BAD.

Après son examen de mon projet de thèse actualisé du 25 mai 1999 et de mon rapport de progrès, elle avait jugé satisfaisant mon rapport de progrès.

Elle avait donc ainsi jugé, tel que les règlements de l'uOttawa en la matière le requièrent, que je progressais de façon systématique et continue dans mes travaux de recherche et de rédaction de ma thèse et que j'évoluais de manière satisfaisante.

Tant mieux pour moi en ce moment-là. Le conflit était réglé. Oui. Mais, malheureusement, pas pour longtemps! Elle avait donc ainsi coché la case correspondante « Progrès satisfaisant » et signé le document officiel « Rapport annuel sur le progrès de recherche » avant ensuite de le transmettre au directeur du Programme. Celui-ci à son tour avait examiné le tout et avait ainsi lui aussi jugé mon progrès satisfaisant. Il l'avait ensuite transmis le tout à la FÉSP tel que requis par les règlements.

Avaient-ils fait des commentaires ou demandé des révisions ou des modifications? Aucun commentaire de quelque nature que ce soit! Rien du tout!

La directrice de thèse n'avait pas non plus inséré ses exigences d'une thèse réorientée vers une étude d'analyse des projets ayant pour objet de démontrer la contribution économique et sociale réelle de la BAD au développement des pays africains! Aucun commentaire!

Elle avait ainsi dans ces conditions jugé mon rapport de progrès satisfaisant, ainsi que mon examen de synthèse et mon projet de thèse actualisé de quatre pages du 25 mai 1999. Elle m'avait ainsi confirmé une fois de plus son approbation pour que je poursuive ma thèse sur mon sujet de thèse juridique concerné.

Elle m'avait en plus à la fin demandé de travailler d'arrache-pied pour finaliser la rédaction de ma thèse sans perdre du temps et selon le calendrier échelonné lui proposé dans mon rapport de progrès. Et c'est ce que j'avais ensuite également fait.

Confrontation traumatisante

Ainsi était-elle revenue à la raison. Tout en son honneur...

Oui, mais, malheureusement, pas pour longtemps. Elle était revenue de nouveau là-dessus : sur ses exigences d'une thèse réorientée vers une étude d'analyse économique des projets ayant pour objet de démontrer la contribution économique et sociale réelle de la BAD au développement des pays africains. Et cela ne lui avait pris que deux ou trois semaines après pour y revenir. Alors que je croyais le problème réglé!

Qu'est-ce qui avait changé entre-temps? Allons-y tenter de comprendre.

En fait, lors d'une rencontre deux ou trois semaines plus tard pour parler du processus d'enregistrement officiel de mon sujet/projet de thèse final par la FÉSP de l'uOttawa tel que requis par les règlements, elle était soudainement revenue sur tout cela. Or, il était simplement question, pour moi, de ramener à deux pages mon projet de thèse de quatre pages sur base duquel elle avait jugé satisfaisants mon examen de synthèse et mon rapport de progrès annuels. Je ne sais quelle mouche l'avait piquée ce jour-là.

Elle y était revenue de manière encore beaucoup plus virulente, tyrannique et téméraire, utilisant même des propos désobligeants. Elle avait recommencé de nouveau à exiger que je réoriente ma thèse sur une étude d'analyse économique des projets financés par la BAD, que cela soit le « squelette » (selon son expression) de ma thèse et de mon sujet/projet de thèse final, et que la question et l'objet de celle-ci soient de démontrer la contribution économique et sociale réelle de cette institution sur le développement de l'Afrique.

Elle avait ajouté que la question de la mondialisation économique devait elle aussi faire l'objet d'une analyse approfondie.

Elle avait à cet effet répété les mêmes arguments qu'auparavant et elle avait été même plus loin dans son incohérence et sa barbarie.

Elle avait dit et répété que ma thèse, sur une analyse juridique visant à démontrer que la BAD est outillée et revigorée pour assumer ou continuer à assumer ses fonctions de manière plus effective et atteindre son but conformément à ses statuts, était utopique. Elle avait ajouté que ce n'était pas une thèse.

Elle avait argumenté qu'une telle affirmation en guise de thèse à démontrer ne tenait pas debout, ne pouvait pas être démontrée et que ma thèse sur ce sujet n'était pas soutenable.

Pour tenter de justifier davantage ses conclusions et ses exigences pour l'autre thèse de nature économique qui était dans sa tête, elle avait répété que si la BAD avait cette capacité-là (de jouer son rôle conformément à ses statuts) que je visais pour ma part à démontrer (juridiquement) dans ma thèse, la BAD aurait déjà développé l'Afrique (économiquement).

Elle avait poursuivi son raisonnement en disant que la pauvreté continue à s'aggraver en Afrique, que les pays africains étaient confrontés à davantage de problèmes pour leur développement dans le contexte de la mondialisation de l'économie et que la BAD n'était pas en mesure de les développer.

Sur ce qui précède et ses autres arguments antérieurs, elle avait conclu en disant que la BAD n'était pas outillée, ne servait à rien et qu'il fallait la démanteler car les résultats n'étaient pas là et que son bilan était nul ou négligeable.

Troublant! C'était troublant pour moi d'entendre tout ça d'un professeur ou d'une professeure d'université.

Que des préjugés!

En plus on me l'avait présentée lors de ma demande d'admission comme la spécialiste du sujet de ma thèse juridique à l'uOttawa.

Comprenait-elle réellement quelque chose sur mon sujet de thèse? Sur les fonctions et le but de la BAD en vertu des statuts de cette institution financière internationale?

D'après moi, non! J'avais travaillé avec elle pendant près de deux ans déjà en ce moment-là. J'avais assez rapidement et progressivement vu qu'elle ne comprenait pas grand-chose du sujet, ni de l'objet, ni de la manière dont une telle thèse de doctorat pouvait ou devait être menée dans le domaine du droit.

Je lui avais notamment expliqué et réitéré à maintes reprises que le but de la BAD en vertu de ses statuts n'était pas de développer les pays africains et l'Afrique, mais d'exercer certaines fonctions statutaires spécifiques lui permettant de contribuer au développement des pays africains et l'Afrique.

Mais elle y revenait toujours pour dire le contraire.

La même chose s'était produite ce jour-là. Je lui avais aussi de la même manière réitéré qu'en vertu de l'article 2 desdits statuts, il est clairement précisé que la BAD réalise son but (prévu à l'article 1er) en exerçant ses fonctions prévues à l'article 2 de ses statuts. Tel que j'avais expliqué précédemment : « Pour atteindre son but, la BAD exerce les fonctions suivantes : ... ».

Mais, elle ne voulait rien savoir de l'analyse juridique des fonctions concernées, de la capacité de la BAD à les exercer et de la mise en œuvre effective des fonctions de la BAD en vertu de ses statuts.

Malgré toutes ces explications, elle persistait à m'imposer autre chose, de nature économique : une étude approfondie sur la mondialisation de l'économie et sur les projets financés par la BAD, pour démontrer la contribution économique et sociale réelle de la BAD et son impact économique réel au développement de l'Afrique à l'heure de la mondialisation.

Comme j'étais d'avis contraire à tout ce qu'elle disait et que je persistais à lui réitérer mon sujet de thèse juridique et à lui répéter que la BAD était bel et bien revigorée avec notamment ses réformes (juridiques, institutionnelles, opérationnelles et des politiques) mises en œuvre successivement en 1995 et en 1999 et que la BAD était dès lors mieux outillée et plus à même d'assumer ses fonctions et d'ainsi jouer son rôle, elle avait commencé progressivement à devenir violente verbalement.

Je la voyais progressivement irritée plus gravement au fur et à mesure qu'on avançait dans cette intense et épuisante confrontation intellectuelle sur le sujet et l'objet de la thèse juridique concernée.

Elle m'avait d'abord traité de naïf juste après ces explications. Ensuite, sur un ton moqueur et enfantin, elle m'avait dit et répété que « dans une thèse, on avance une affirmation théorique qu'on appelle thèse et on tente de la démontrer », que ma thèse n'en était pas une, qu'il n'y avait pas de thèse d'avancée dans mon projet de thèse de quatre pages (du 28 mai 1999) dont nous étions entrain de discuter.

Était-ce, sincèrement, une façon respectueuse de parler à un étudiant? En plus un étudiant de doctorat?

Était-ce une façon respectueuse de parler à un étudiant dans le cadre d'une telle relation professionnelle et du contrat université-étudiant?

Sur quel projet de thèse s'était-elle fondée pour juger satisfaisant mon examen de synthèse et mon rapport de progrès annuels?

Pourquoi n'avait-elle pas vu alors en ce moment-là qu'il n'y avait pas, comme elle prétendait, de thèse à démontrer?

Comment réagir face à tout cela? J'avais gardé mon sang-froid. Je la lui avais tout humblement indiquée (la thèse théorique avancée) en la lui pointant du doigt sur le texte du projet de thèse concerné. C'était devant ses yeux, à la première page du document concerné! Il y était clairement écrit :

« S'inscrivant en droit international ...., en droit international du développement, en droit international économique ou droit des relations économiques internationales, cette thèse se voudrait essentiellement une analyse descriptive et critique de la Banque africaine de développement dans ses aspects juridiques, dans ses réformes successives et dans la vision et la stratégie de ses opérations à l'heure de la mondialisation. ... Sans préjudice du rôle que la communauté internationale peut jouer et de la responsabilité de développement national qui incombe au premier chef à chaque État, il s'agit essentiellement de soutenir et de tenter de démontrer que la BAD est à ce jour revigorée et qu'elle est suffisamment et adéquatement outillée pour jouer son rôle conformément à ses statuts... . Il s'agit notamment de démontrer que la BAD dispose d'outils nécessaires pour contribuer à réduire ... la pauvreté qui constitue la pierre angulaire du programme de la politique de développement du Groupe de la BAD ».

C'était donc là et à la toute première page du projet du 28 mai 1999 concerné. Elle disait pourtant qu'il n'y avait pas de thèse, pas d'affirmation théorique avancée et que je voulais démontrer. Elle avait pourtant ce projet de thèse depuis plus de trois semaines.

Elle l'avait déjà également lu pour décider sur l'évolution et le progrès satisfaisants de mes activités de recherche et de la rédaction de ma thèse.

Mais là, soudainement, elle me disait qu'il n'y avait pas de thèse d'avancé et à démontrer. Je la lui avais donc ainsi montrée. Elle avait alors ensuite souligné de sa propre main les paragraphes correspondants à la thèse (c'est-à-dire à l'affirmation théorique qui était bel et bien contenue dans ce document et qui devait être démontrée dans la thèse doctorale concernée). Et puis elle avait écrit de sa propre main : « Thèse ». Et elle l'avait ensuite encadré comme suit : (« Thèse »).

J'en ris encore jusqu'aujourd'hui quand je regarde le document concerné, contenant ces inscriptions et commentaires manuscrits. On se croirait dans un film ou au théâtre.

Mais non! On était bel et bien à l'Université d'Ottawa, "uOttawa", "U de O", "L'université canadienne". Au cœur et en plein centre-ville de la capitale nationale du Canada. Dans le bureau de la professeure de droit concernée.

Bref, je croyais ainsi le problème réglé une fois de plus. Non. Loin de là. Malgré tout cela, elle avait commencé et continué à s'écrier que ce n'était pas une thèse de doctorat et que pour une thèse de doctorat (en droit) il fallait que je démontre la contribution économique et sociale réelle de la BAD au développement de l'Afrique, au moyen de l'analyse économique des projets de développement que la BAD a financés dans les pays africains.

Était-ce le sujet de ma thèse?

Est-ce du droit? Envisageais-je une thèse de doctorat en gestion des projets, en évaluation des projets et programmes de développement, ou en économie?

Je ne comprenais pas sa logique.

En plus, ça violerait les critères et les règlements de l'uOttawa pour les thèses de doctorat en droit de l'uOttawa, tel que le Directeur du Programme m'en avait lui aussi averti!

Que devais-je faire?

Accepter de faire ce qu'elle me demandait et qu'elle tentait de m'imposer?

Non; il n'en était pas question!

J'avais alors essayé de l'apaiser, de la calmer, avec l'espoir de la ramener de nouveau à la raison. Je commençais à bien la connaître et à essayer de la comprendre.

Je lui avais alors dit et confirmé qu'en plus de démontrer la capacité de la BAD à mettre en œuvre ses fonctions statutaires, j'envisageais déjà aussi de donner, à titre illustratif, des exemples de projets et d'autres activités opérationnelles financés par la BAD conformément à ses statuts.

J'avais justifié en disant que cela permettra de démontrer aussi que cette institution assume ses fonctions sur le terrain conformément aux articles 1er et 2 de ses statuts et qu'en les assumant elle contribuait ainsi effectivement au développement économique et social de l'Afrique.

Je lui avais réitéré aussi que les autres thèses de doctorat dans le domaine juridique, sur la BAD et sur la Banque mondiale, avaient traité de la même manière et selon les mêmes règles de méthodologie juridique le même genre de sujet juridique comme le mien.

Ce faisant, j'avais à l'inverse réitéré que l'étude approfondie de la mondialisation économique ainsi que les analyses et démonstrations socio-économiques des projets pour évaluer, mesurer et démontrer la contribution économique et sociale réelle de la BAD dépassaient le cadre du sujet et de l'objet juridique de ma thèse.

J'avais conclu en disant que cela serait me contraindre à faire une thèse désormais en économie et sur de telles questions économiques complexes sur lesquelles je n'avais pas non plus les compétences nécessaires pour les mener à bien.

J'avais alors ajouté que j'envisageais de me limiter à mon sujet de thèse convenu depuis le début : une étude d'analyse juridique visant à démontrer que la BAD est revigorée par ses réformes juridiques, institutionnelles et des politiques, et qu'elle était de ce fait mieux outillée pour assumer ses fonctions et atteindre son but conformément à ses statuts.

Avais-je réussi à la convaincre et à la ramener à la raison? Peine perdue!

Elle s'était sentie vivement offensée. Et là, soudainement, elle s'était de manière virulente lancée dans des propos injurieux, désobligeants, insultants et vexatoires.

En substance, elle m'avait d'abord dit, brutalement, en me regardant droit dans les yeux :

« Vous n'êtes pas un imbécile pour me dire que vous ne pouvez pas faire une étude d'analyse des projets financés par la BAD pour démontrer sa contribution économique et sociale réelle et son impact réel sur le développement de l'Afrique, ainsi qu'une analyse de la mondialisation économique! Ce n'est pas parce qu'on est juriste qu'on ne peut pas faire une telle étude! »

Profondément choqué et blessé dans mon amour propre, et trouvant cela complètement dérogatoire et inacceptable, je m'étais tout de même contenu. Elle avait complètement perdu la tête! Mais je devais me contenir. Sinon ça allait dégénérer. Et le tout risquait de se retourner contre moi, à coup sûr, devant n'importe quelle instance ou autorité. J'avais alors préféré ne pas réagir. J'avais ainsi fait comme si je n'avais pas entendu, que je n'avais rien entendu.

A partir de ce moment-là, elle avait commencé à m'intimider réellement. Mais il fallait que je lui résiste. J'étais revenu sur la défensive. Je n'avais pas d'autre choix en ce moment-là.

J'avais alors très gentiment et humblement tenté de nouveau, sur un ton conciliant, d'insister quand même sur le sujet et l'objet juridiques limités de ma thèse sur l'analyse du droit international de la BAD. J'avais, ce faisant, essayé de la rassurer en même temps en lui disant que je donnais dans la thèse des exemples chiffrés des activités opérationnelles financées par la BAD, pour illustrer que la BAD s'acquitte effectivement de ses fonctions et qu'elle joue ainsi effectivement son rôle, conformément à ses statuts.

Et là, elle s'était énervée encore davantage. Elle m'avait alors ainsi dit, brutalement :

« Quand je vous parle, j'ai comme l'impression de parler à un mur. Vous vous obstinez. C'est bien dommage. »

C'en était trop là! Mais je me devais une fois de plus d'encaisser ce solide coup droit-là aussi. Ça m'avait pourtant fait très mal. Mais je me disais que c'était mieux pour moi de ne pas réagir. J'espérais qu'elle se calme et qu'elle revienne à la raison.

Malheureusement, les choses s'empiraient. La situation avait dégénéré. Elle m'avait vraiment fait mal, très mal, avec ces propos. Jamais personne dans la vie m'avait parlé, insulté ou intimidé comme ça. Même jusqu'aujourd'hui. Personne!

Mais je n'avais pas le choix. Je tenais à poursuivre mes études doctorales et à obtenir mon diplôme et mon titre de docteur en droit, Ph.D. en droit. Je ne voulais pas que mon rêve s'arrête-là. Alors je m'étais fait tout petit, silencieux, espérant qu'elle se calme et qu'elle revienne à la raison.

Elle avait poursuivi, en disant que je m'obstinais et que c'était dommage.

Et puis, elle m'avait averti et menacé que si je persistais et continuais à m'obstiner, je risquais d'être le premier des étudiants dont elle a dirigé la thèse depuis une vingtaine d'années, et dont la thèse risquait d'être rejetée.

Elle avait ajouté que c'est à elle, en sa qualité de directrice de thèse, que revenait le dernier mot. Et elle avait menacé que si je continuais à m'obstiner et à refuser de prendre en considération ses exigences, c'était ce que j'encourais comme risque.

Plusieurs idées s'entrechoquaient dans mon esprit, dans ma tête. L'accuser pour tous ces actes et propos? Introduire un recours concernant ses exigences d'une thèse d'analyse économique ou essentiellement économique alors que ma thèse est juridique? Demander un changement de directeur de thèse près de deux ans après le début de mes études doctorales en droit au sein du programme de doctorat en droit concerné?

Les résultats de telles démarches étaient incertains dans ma tête. Notamment dans de tels cas de conflit de cette nature. Les profs se connaissent aussi, se parlent entre eux, se protègent entre eux. Peut-être pas tous. Mais la majorité d'entre eux.

Elle m'avait enfoncé dans la confusion et l'incertitude la plus totale concernant la poursuite de ma thèse et de mes études avec succès à l'uOttawa.

Je risquais de tout perdre si je ne gérais pas bien la situation ainsi que ma réaction.

Alors, j'avais dans un premier temps décidé de ne rien faire mais d'attendre, en espérant toujours que quelque chose se passe : qu'elle revienne de nouveau à la raison, aux bons sentiments.

À défaut, j'avais déjà suffisamment d'arguments et d'éléments de preuve pour introduire un recours contre elle. Je voulais aller d'abord jusqu'au bout avec elle-même, avant tout recours.

Mon silence et ma non-réaction face à ses propos désobligeants avaient entre-temps eu des effets : elle était devenue gênée. Elle avait vu qu'elle m'avait blessé profondément par ses propos. Je pouvais voir sa gêne sur son visage et puis dans ses propos subséquents.

En montrant ainsi ensuite des signes de gêne suite à ses propos désobligeants et à son comportement intimidant, elle était soudainement devenue plus gentille Et puis elle avait en substance dit, sur un ton plus gentil, doux et conciliant : « Moi j'ai déjà fait ma thèse et obtenu mon doctorat. J'essaie tout simplement de vous aider à faire la vôtre. »

Voyant cette ouverture, et craignant en même temps de la voir mettre ses menaces d'échec à exécution et me contraindre à un recours incertain à l'uOttawa, je lui avais alors dit que sans changer le sujet principal et l'objet de ma thèse ainsi que sa nature juridique, je pouvais continuer à parler aussi de la mondialisation économique et donner encore davantage d'exemples concrets et illustratifs des projets financés par la BAD pour montrer qu'elle contribue effectivement au développement de l'Afrique.

Suite à cela, elle m'avait alors demandé, en fin de compte, de ramener à deux pages le projet de thèse du 25 mais 1999 dont on discutait et de le lui soumettre, aux fins d'approbation finale et d'enregistrement officiel comme sujet/projet final de thèse à l'uOttawa, tel que requis par les règlements.

J'avais pu ainsi éviter une fois de plus le pire en ce moment-là. Il ne me restait plus qu'à actualiser le projet de thèse final et à le lui soumettre aux fins du processus d'enregistrement final de mon sujet de thèse par l'uOttawa.

Vu ses imprévisibles agissements abusifs antérieurs, je craignais tout de même qu'elle revienne encore sur tout ça ou qu'elle rejette ultérieurement mon projet de thèse final, pour me contraindre à l'abandon et à l'échec. Tout pouvait encore arriver. Elle m'avait tellement fait mal lors de cette rencontre-là que j'étais prêt à tout.

Je devais tout de même lui résister. Je ne pouvais et ne devais pas sombrer dans l'intimidation. Ce n'était plus moi ça! Surtout pas quand par ailleurs le droit est de mon côté.

J'avais tout pour introduire un recours gagnant contre elle. Je ne pouvais plus la laisser abuser de son pouvoir de manière aussi excessive et avec de tels propres désobligeants comme elle avait fait. C'était très traumatisant.

J'ai mal au cœur, ainsi que des palpitations, quand j'en parle encore aujourd'hui.

C'est comme remuer le couteau dans la plaie.

En écrivant ce livre, je revis tout ça. Ça fait mal. Très mal. Mais bon, je devais impérativement l'écrire ce livre.

J'avais perdu toute confiance en elle en tant que directrice de thèse. Par ces faits et tout ce qui avait précédé avant, elle avait rompu la relation professionnelle, de confiance et contractuelle, qui existait ou qui devait exister entre elle et moi.

Comment continuer de rédiger ma thèse sous sa direction dans de telles conditions?

Il y avait toujours ce risque, bien réel, qu'elle revienne de nouveau sur ces exigences d'une thèse d'analyse économique des projets financés par la BAD. Je ne la comprenais définitivement plus!

Devant toutes ces interrogations, j'avais décidé de consulter quelques professeurs et spécialistes, en droit, en économie, et en analyse et gestion des projets, avant de rédiger mon projet de thèse final.

Mon objectif était notamment de me couvrir et de confirmer encore davantage que ce n'était absolument pas moi qui m'obstinais (tel que ma directrice de thèse me reprochait).

Les discussions avec les professeurs et spécialistes consultés étaient strictement limitées à la mésentente sur le sujet et l'objet de ma thèse, à la nature (juridique) de cette thèse, et à la faisabilité (dans le cadre d'une thèse de doctorat en droit) d'une thèse axée plutôt sur l'analyse économique des projets et visant à démontrer la contribution économique et sociale réelle d'une IFI comme la BAD, au développement des pays africains et de l'Afrique.

Pas un mot sur les autres propos désobligeants qu'elle avait tenus et qui résonnent souvent dans mes oreilles comme s'ils avaient été tenus hier. C'était trop humiliant en ce moment-là pour moi pour que je les répète à d'autres personnes.

J'étais alors, dans ce contexte, retourné voir en premier lieu le directeur du Programme. Ce d'autant plus qu'il était l'autorité responsable du Programme, professeur de droit et juriste très expérimenté, et qu'il m'avait par ailleurs dit de le tenir informé de l'évolution de la situation.

Il était en congé sabbatique en ce moment-là. Mais il avait un autre bureau à la Faculté de droit et il y venait souvent ou de temps en temps. On avait donc ainsi pu en parler de nouveau.

En même temps j'avais aussi consulté deux autres spécialistes, respectivement en économie et en analyse et gestion des projets, avec qui je discutais progressivement du processus de ma thèse dont le sujet (la BAD) les intéressait aussi.

Il s'agissait : - d'un professeur économiste de l'Université de Sherbrooke (Québec), expert des IFI, qui avait aussi travaillé comme économiste principal à la BAD; et, - d'un gestionnaire et spécialiste en analyse, gestion et évaluation des projets et des programmes de développement économique financés par les IFI comme notamment la BAD, la Banque mondiale et l'ACDI (Agence canadienne de développement international), et qui travaillait à l'ACDI.

Juriste professeur et directeur du Programme de doctorat en droit : consulté

Le directeur du Programme (en congé sabbatique en ce moment-la) m'avait réitéré qu'une étude réorientée sur la mondialisation économique et l'analyse économique des projets de développement financés par la BAD dans les pays africains et visant à démontrer la contribution économique et sociale réelle de la BAD au développement de l'Afrique, ferait courir à ma thèse le risque d'être rejetée par un jury lors de son évaluation ou par l'uOttawa car serait de nature économique ou essentiellement économique. En gros, il m'avait réitéré ce qu'il m'avait dit avant, en d'autres termes : une telle étude dérogerait aux règlements des thèses de doctorat en droit à l'uOttawa ainsi qu'au sujet de thèse juridique approuvé depuis le début.

Malheureusement, il était en congé sabbatique. C'est la directrice de thèse qui assumait l'intérim entre-temps. Ce qui rendait les choses un peu plus compliquées encore.

Qu'à cela ne tienne, le message était clair et bien reçu : les exigences de la directrice de thèse dérogeaient aux règlements et aux critères des thèses de doctorat en droit de l'uOttawa ainsi qu'à mon sujet de thèse juridique approuvé depuis le début par le directeur du Programme, par la directrice de thèse concernée et par la Faculté de droit de l'uOttawa.

Professeur économiste expert des IFI : consulté

Le professeur économiste expert des IFI et qui avait aussi travaillé comme économiste principal à la BAD de 1997 à 1999, en avait beaucoup ri et s'en était beaucoup étonné.

Il avait dit que ce que la directrice de thèse demandait était un travail très complexe et d'envergure qui par ailleurs ne pouvait être mené à bien que quand les préalables non exhaustifs étaient réunis.

Il avait poursuivi en disant que ça exigeait, au préalable, notamment ceci :

- de recenser les projets financés par la BAD sur le territoire de chacun des 54 pays africains respectifs ainsi que les projets d'intégration économique régionale profitant simultanément à plusieurs pays africains ou à plusieurs régions en Afrique;

- des visites de terrain sur les sites et dans les différents pays et régions où les projets ont été financés, pour pouvoir évaluer l'impact réel de ces projets;

- les données économiques et statistiques multisectorielles qui ne sont pas toujours toutes disponibles en Afrique et qui par ailleurs sont très coûteuses à obtenir;

- une équipe multidisciplinaire regroupant des professionnels et des experts dans plusieurs domaines;

- la collaboration des pays africains et des organisations régionales bénéficiaires des financements concernés de la BAD;

- la collaboration de la BAD et de la Banque mondiale;

- beaucoup de ressources financières requises à toutes ces fins non exhaustives.

Sans entrer dans les détails de la méthodologie à utiliser, il avait ajouté que même un expert ou spécialiste économiste qui aurait tous les préalables requis ne pouvait faire tout seul un tel travail. Ni même un expert ou un spécialiste en évaluation ou gestion des projets et programmes de développement financés par les IFI comme la BAD et la Banque mondiale, avait-il aussi dit.

Il avait ensuite indiqué que des équipes multisectorielles, composées de professionnels et experts de la BAD et de la Banque mondiale, avaient mené partiellement de telles études dans le cadre de la collaboration entre la BAD et la Banque mondiale et qu'elles avaient mesuré et démontré ainsi partiellement la contribution économique et sociale réelle de la BAD au développement des pays africains et de l'Afrique.

Il avait ensuite dit que la réalité de cette contribution économique et sociale de la BAD était indéniable.

Il avait ajouté qu'il ne voyait pas comment, au regard du cadre juridique de mon sujet de thèse et des critères de rédaction et d'évaluation des thèses de doctorat en droit généralement connus, un professeur ou une professeure pouvait demander d'un étudiant candidat au doctorat en droit d'en faire la preuve, par le biais d'une étude d'analyse économique des projets, dans le cadre d'une thèse visant à obtenir un doctorat en droit.

Il en avait beaucoup ri des conclusions de la directrice de thèse consistant à me demander de démontrer tout cela. Et ce, par ailleurs, sur base des préjugés et d'autres motifs complètement erronés que cette dernière avait avancés : - la contribution économique et sociale de la BAD au développement des pays africains et de l'Afrique était nulle ou insignifiante; - la BAD avait pour mission de développer l'Afrique; - la BAD n'avait pas développé l'Afrique; - la BAD n'avait pas réussi à développer l'Afrique; - la BAD n'arrivait pas à développer l'Afrique.

Il avait sérieusement questionné la bonne foi de cette directrice de thèse, ses compétences et ses connaissances sur le sujet, aussi bien sur le plan juridique, économique que de culture ou des connaissances générales.

Il s'était à cet effet étonné profondément du fait qu'elle me demandait par ailleurs, à moi, un juriste, de faire des analyses économiques ainsi que de rédiger une thèse de nature économique, pour démontrer le contraire de tout cela, dans le cadre d'une thèse de doctorat en droit.

Il avait conclu en disant que dans tous les cas, telle n'était la mission de la BAD (de développer l'Afrique), en vertu de ses statuts.

Par ailleurs, il avait ajouté que ce que la directrice de thèse me demandait de faire n'était définitivement pas mon sujet de thèse et n'avait rien à voir avec le sujet et l'objet de ma thèse qui étaient quant à eux de nature juridique, et non pas économique.

Spécialiste en analyse et gestion des projets de développement : consulté

Le spécialiste professionnel en gestion et évaluation des projets et des programmes de développement financés par les IFI comme la BAD, la Banque mondiale et l'ACDI avait été même plus loin encore. Il avait aussi de manière assez détaillée parlé notamment des règles de méthodologie applicables.

Il m'avait subséquemment donné un affidavit-réponses sous serment, lors de ma poursuite judiciaire en responsabilité civile contre l'uOttawa dans cette affaire. Il avait déposé son affidavit-réponses à la Cour supérieure de justice de l'Ontario le 26 avril 2006.

Il l'avait préparé initialement en 2002, sur des questions et des opinions qu'il échangeait avec moi depuis le début du conflit sur le sujet et l'objet de la thèse juridique concernée par cette affaire. Je lui avais à cet effet posé trois questions, aux fins de son affidavit-réponses concerné.

En substance, la première question était de savoir s'il pouvait nous dire de manière détaillée comment on procède pour réaliser une analyse des projets de développement et à l'évaluation de la contribution économique et sociale ou de l'impact socio-économique d'un projet.

Il y avait aussi une sous-question : s'il pouvait évoquer les difficultés auxquelles se heurtent les professionnels lors de la réalisation d'une telle étude d'analyse économique et rétrospective de l'impact des projets sur le développement.

La deuxième question était de savoir quelles sont, selon lui, les conditions nécessaires qui doivent retenir l'attention des professionnels pour mener à bien ce genre d'études.

La troisième et dernière question était de savoir si on pouvait raisonnablement exiger une telle étude d'une personne non initiée, notamment d'un étudiant d'une Faculté de droit et dans le cadre d'une thèse visant à obtenir un doctorat en droit.

Ses réponses, plus particulièrement aux deux premières questions : du chinois, pour les non initiés! À plus forte raison, pour un juriste. Un juriste n'a absolument rien à voir avec de telles études économiques complexes dont il ne maîtrise pas les termes techniques, ni les règles de méthodologie et dont il ne dispose pas de compétences nécessaires, ni de moyens (les ressources, les données, etc.) préalables nécessaires.

Je me limiterais donc à vous indiquer seulement sa réponse à la troisième question, qui était aussi sa conclusion.

En voici la teneur :

« Peut-on, selon vous, exiger raisonnablement une telle étude d'une personne non initiée, notamment d'un étudiant d'une Faculté de droit et dans le cadre d'une thèse visant à obtenir un diplôme de droit?

i) À moins que la formation antérieure du candidat l'ait préparé aux méthodes d'analyse utilisées en recherche appliquée, il me paraît optimiste d'espérer qu'un juriste qui n'a pas été exposé aux méthodes quantitatives et qualitatives puisse conduire une étude d'évaluation d'impact économique et sociale d'une telle envergure sans recourir à une assistance des spécialistes. Certes on peut limiter la portée pour agir sur les délais, coûts et les ressources, mais il reste que sans un financement minimum, je conçois difficilement comment une telle étude qui exige plusieurs déplacements sur le terrain, la formation d'une équipe des spécialistes pour la collecte et l'analyse des données, une formation en début du projet pour valider une vision commune des grilles d'analyse, puisse aboutir.

ii) Même un spécialiste en évaluation des programmes aurait été confronté au défi de choisir une combinaison des méthodologies appropriées pour conduire une étude d'une telle portée; si je m'en tiens à la formulation du problème de recherche, il y aurait eu lieu d'envisager une étude trans-sectorielle couvrant plusieurs pays où la Banque Africaine de Développement aurait financé des projets. Des études de cette nature sont généralement commandées par les agences bilatérales et multilatérales lorsque les projets ou programmes ont atteint une maturité telle que l'on peut espérer capter les résultats au niveau de l'impact et exigent un dispositif méthodologique, logistique et financier conséquent.

iii) Aussi, je me permettrai d'émettre des réserves sur la possibilité de la réaliser endéans des délais d'une thèse doctorale et sans budget et ressources appropriés, à moins qu'il n'y ait eu une entente préalablement négociée par l'université et l'organisation multilatérale en question aux fins de financer tout ou une partie des opérations et mettre à la disposition du demandeur tout ou une partie de la logistique (surtout pour la visite des sites), et éventuellement des ressources pour la collecte et l'analyse des données. »

Tel que vous pouvez vous-même aussi en juger, ce n'était même pas mon sujet de thèse, dans tous les cas. Ce n'était absolument pas le travail d'un juriste non plus. Ni le genre d'étude ou de travail qu'un juriste peut réaliser. Je n'avais même pas besoin de tous ces avis ou opinions d'experts (professeur économiste, et analyste-gestionnaire des projets de développement économique), car c'est clair que ce n'était pas mon sujet de thèse, ni du droit, mais de l'économie!

Par ailleurs, ce que la directrice de thèse demandait dérogeait clairement aux critères et aux règlements de l'uOttawa applicables aux thèses de son programme doctorat en droit!

Pour moi, tout cela était clair. C'est le comportement de la directrice de thèse concernée qui me dépassait! Ma démarche était donc tout simplement pour conforter davantage ma position et confirmer que ce n'était absolument pas moi qui m'obstinais, qui délirais, ou qui étais ou devenais fou.

CHAPITRE 4

Enregistrement de l'entente finale par l'uOttawa : les termes contractuels

Mon intime conviction

Suite à ces consultations (des experts juriste, économiste et analyste/gestionnaire des projets), mon intime conviction avait simplement été confortée davantage.

Dans le domaine juridique, analyser un projet (y incluant un projet financé par une IFI, une BMD ou n'importe quelle autre banque) n'a pas pour objet de déterminer ou de mesurer la contribution économique et sociale réelle des projets financés.

De telles études d'impact socio-économique, qui se font au moyen d'analyses socio-économiques rétrospectives utilisant des méthodologies quantitatives et qualitatives, ne relèvent pas du domaine juridique, mais du domaine économique.

Ce n'est absolument pas le travail d'un juriste. Et ce n'était absolument pas non plus le sujet, ni l'objet de ma thèse.

En droit, l'analyse d'un projet financé par de telles institutions se fait au moyen d'une analyse du contrat signé entre les parties pour la réalisation du projet concerné, et de son exécution.

Ce faisant, le juriste analyse les aspects suivants, découlant dudit contrat de financement du projet concerné : - la conformité dudit contrat aux lois applicables, aux dispositions statutaires des parties contractantes, au droit international applicable; - les termes de référence convenus, les conditions financières, les échéances, l'entrée en vigueur, les conditions résolutoires;- l'exécution du contrat, par chaque partie, en conformité avec les conditions et les termes convenus; les règles de conflits de lois, les juridictions compétentes ou les clauses compromissoires convenues; les mécanismes de résolution de conflit et les méthodes alternatives de résolution des conflits (MARC) prévus; - les contentieux juridiques (conflits et litiges) résultant de la violation, de l'inexécution ou de la rupture abusive du contrat par l'une ou l'autre des parties contractantes; - les règlements à l'amiable auxquels les parties seraient parvenues au moyen des MARC utilisées (négociation, conciliation, médiation, arbitrage); - les décisions judiciaires ou arbitrales rendues.

En effet, en droit, le but d'une telle étude est de vérifier les termes et la conformité du contrat de financement de tel ou tel autre projet financé ainsi que son exécution conforme.

Une analyse juridique d'un projet n'a pas et ne peut pas avoir pour objet une analyse économique de la contribution ou de l'impact socio-économique réel d'un projet sur le développement de la personne bénéficiaire. Telle était depuis le début mon intime conviction. Et ce n'était pas mon sujet de thèse.

Pourquoi la directrice de thèse agissait comme elle faisait?

Elle ne pouvait définitivement plus, je l'espérais, revenir une fois de plus là-dessus pour tenter de nouveau de m'imposer une thèse de nature économique. Elle n'avait pas le droit! Elle violait délibérément les termes contractuels de mon contrat de thèse juridique ainsi que les règlements de l'uOttawa y applicables!

Elle ne pouvait d'ailleurs plus faire ça, d'autant plus qu'elle était aussi, en fin de compte, revenue de nouveau à la raison, lors de la dernière confrontation traumatisante. En effet, à cette occasion-là, elle m'avait simplement demandé, en fin de compte, de ramener mon projet de thèse de quatre pages à deux pages et de le lui soumettre de nouveau comme projet de thèse final aux fins d'enregistrement officiel à l'uOttawa.

Ce, sans changer le sujet principal et l'objet de ma thèse ainsi que sa nature juridique. Elle allait l'examiner pour approbation finale avant de l'envoyer à la FÉSP pour enregistrement officiel à l'uOttawa, conformément aux règlements de l'uOttawa en la matière.

Je lui avais donc ensuite remis et ainsi soumis à son examen mon projet de thèse final de deux pages finalisé conséquemment à cet effet-là.

L'entente finale enregistrée : les termes de référence

Les règlements de l'uOttawa exigent que le sujet/projet de toute thèse de doctorat approuvé respectivement par un directeur ou une directrice de thèse et les facultés ou programmes universitaires concernés soit soumis à la FÉSP au plus tard deux ans après le début des études concernées, aux fins d'enregistrement final et officiel par l'uOttawa.

Ce processus d'enregistrement se fait au moyen du formulaire officiel « *Enregistrement du sujet/projet de thèse et du nom du directeur ou de directrice de thèse* » auquel on doit aussi joindre le projet du sujet final de thèse concerné.

Aux termes des règlements pertinents, le formulaire, complété par l'étudiant, comporte la signature de l'étudiant doctorant concerné, de son directeur ou sa directrice de thèse ainsi que du directeur ou de la directrice du Programme d'études concerné, avant d'être transmis à la FÉSP.

Plus concrètement, il est à cet effet requis de l'étudiant de compléter ledit formulaire et de le soumettre à son directeur ou sa directrice de thèse, en y joignant son projet de thèse final, aux fins d'approbation et de signature pour la suite du processus d'enregistrement officiel à l'université.

Une fois que le directeur ou la directrice de thèse approuve par sa signature le projet du sujet final de thèse à faire enregistrer, il ou elle le joint audit formulaire officiel qu'il ou qu'elle achemine au directeur du programme de doctorat concerné pour approbation et signature de ce dernier.

Ce dernier approuve en signant à son tour et puis envoie ledit formulaire à la FÉSP pour enregistrement officiel final et pour confirmation du sujet/projet final de thèse, à l'étudiant, par la FÉSP.

Conformément à ce processus, j'avais alors ainsi soumis à ma directrice de thèse, le 20 juin 1999, le projet du sujet final de thèse de deux pages qu'elle m'avait demandé à cet effet-là.

Le 31 août 1999, alors qu'elle assumait l'intérim du directeur du Programme qui était en ce moment-là en congé sabbatique, elle avait approuvé ledit projet du sujet final de thèse. Elle l'avait fait en double qualités : en tant que directrice de thèse et en tant que directrice du programme de doctorat de la Faculté de droit concerné. Pour ce faire, elle avait apposé sa signature aux places réservées respectivement pour la signature du directeur ou la directrice de thèse et pour le directeur du programme de doctorat concerné. Aussi, à la place réservée pour la signature de l'étudiant doctorant, elle avait de sa propre main écrit : « *Voir document ci-joint préparé par M. Zabo* ». Elle avait alors joint le projet final de thèse de deux pages du 20 juin 1999 audit formulaire et puis envoyé le tout à la FÉSP.

La FÉSP, dirigé par son doyen qui est en même temps président du Comité exécutif de la FÉSP (organe de recours quasi judiciaire de l'uOttawa), avait à son tour signé le document officiel (d'enregistrement du sujet) concerné et ainsi enregistré le sujet/projet de thèse final concerné le même jour, soit le 31 août 1999. La FÉSP m'avait ensuite confirmé cet enregistrement de mon sujet/projet final de thèse de deux pages du 20 juin 1999 en m'envoyant une copie dudit formulaire signée par toutes les parties dont la signature respective était requise en vertu des règlements de l'uOttawa. Le titre enregistré était : « La Banque africaine de développement : aspects juridiques, financement, politiques des opérations ».

Le contrat entre l'uOttawa et moi, sur mon sujet de thèse et sur son objet juridique, était ainsi officiellement scellé officiellement. Mon sujet/projet de thèse était dès cet instant opposable aux deux parties au contrat, en l'occurrence l'uOttawa et moi, ainsi qu'aux représentants de chacune de ces deux parties au contrat.

Ouf!; je m'étais dis. Cela, je l'avais du moins espéré, mettait un terme final et définitif au conflit avec ma directrice de thèse, sur le sujet et l'objet juridiques spécifiques et limités de ma thèse, et coupait court à toute possibilité qu'elle puisse y revenir de nouveau.

L'objet de la thèse tel que défini dans les termes de référence convenus dans le sujet/projet de thèse du 20 juin 1999 approuvé et enregistré par l'uOttawa est comme suit :

« Il s'agit dans cette étude de soutenir et de tenter de démontrer que la BAD est bien outillée pour ... jouer son rôle. Il s'agit notamment de démontrer que la BAD dispose d'outils nécessaires et adéquats, notamment d'un cadre juridique approprié, de ressources financières suffisantes, d'atouts considérables pour servir de catalyseur à la mobilisation des ressources additionnelles nécessaires et, dispose de politiques des opérations adaptées à la problématique actuelle du développement des pays africains. Et à ces divers titres, de conclure qu'elle est à même de continuer à s'acquitter valablement de ses fonctions et à atteindre effectivement son but. »;

« Pour vérifier la véracité de notre thèse ou de notre affirmation théorique et la démontrer, nous envisageons, non sans illustration chiffrée de ses activités opérationnelles lorsque cela s'avère utile, de faire une étude descriptive et critique des instruments juridiques pertinents de la BAD et plus particulièrement du texte de ses statuts constitutifs. ».

Un autre aspect contractuel important est le plan de rédaction de la thèse tel que j'avais proposé dans le projet du sujet de thèse final du 20 juin 1999 qui a été approuvé et enregistré.

Ledit plan, qui a donc lui aussi été approuvé, annonçait ceci :

« Cela étant dit, avant d'aborder le vif du sujet, il nous semble judicieux d'étudier au préalable la raison d'être de cette institution et de tenter de comprendre sa philosophie africaniste.

Aussi, la Partie préliminaire est consacrée à l'étude des "Prolégomènes sur le contexte de création de la BAD et l'évolution de sa structure de financement".

La première partie est consacrée à l'analyse des "Aspects juridiques généraux et structure de financement de la BAD".

La Deuxième partie est consacrée à l'analyse des "Politiques des opérations de la BAD en faveur du développement de l'Afrique".

Enfin, avant de mettre un terme définitif à cette étude, nous analyserons dans la Troisième partie "Les institutions de soutien de l'action de la BAD (le Fonds africain de développement –FAD- et le Fonds spécial du Nigéria –FSN-) et les aspects des activités de coopération du Groupe de la BAD." ».

Le seul amendement que j'avais subséquemment fait était au niveau du plan de rédaction : la troisième partie avait en fin de compte été supprimée.

Ses éléments avaient été intégrés dans les analyses faites dans la première et dans la deuxième partie de la thèse rédigée.

Ce qui m'avait permis d'ajouter de manière intégrée une dimension du droit comparé, en comparant les structures juridiques, les buts et fonctions, les opérations, les conditions de financement et les activités opérationnelles de la BAD, de ses filiales (le FAD et le FSN) et de la Banque mondiale.

La directrice de thèse avait approuvé le tout, y incluant le plan final de rédaction de la thèse.

Comme vous pouvez également le voir, nulle part dans ce plan de rédaction de ma thèse, il n'est non plus prévu une étude d'analyse économique des projets de développement financés par la BAD, ni toute autre étude ayant pour objet de démontrer la contribution économique et sociale réelle de la BAD au développement des pays africains et de l'Afrique, ni d'en démontrer l'impact réel sur le développement de l'Afrique.

Et pour rendre cette délimitation (étude juridique) et cette exclusion (de toute étude d'analyse de nature économique) encore plus claire, voire indéniable, j'avais ensuite précisé encore davantage dans l'introduction générale de ma thèse ce qui suit :

« Il ne s'agit pas dans cette thèse d'analyser les projets financés par la BAD pour démontrer la contribution ou l'impact économique et social réel de cette institution sur le développement des pays africains. ...

Une telle étude d'analyse économique et sociale dépasse largement le cadre du sujet juridique de la présente thèse. ...

Les lecteurs qui s'intéressent à de telles analyses et démonstrations économiques et sociales peuvent les trouver dans des ouvrages spécialisés du domaine économique et d'autres domaines connexes concernés. ».

En effet, en conformité avec le sujet de thèse enregistré, j'avais donc précisé et délimité de manière encore plus détaillée le champs d'étude de cette thèse dans l'introduction générale de la thèse finale rédigée (aux pages 10-11) :

« Cette thèse constitue une étude approfondie et raisonnablement critique des règles du droit international régissant la BAD et ses politiques de financement des opérations. ... Cette thèse vise ou a pour objet de démontrer que cette institution est bien outillée pour bien assumer ses fonctions et jouer son rôle en vertu de ses statuts, et pour démontrer en d'autres termes l'effectivité du droit international institutionnalisé de la BAD. ... Il ne s'agit pas dans cette thèse d'analyser les projets financés par la BAD pour démontrer l'impact économique et social réel de cette institution sur le développement des pays africains. L'auteur entend néanmoins, à titre illustratif, donné un certain nombre d'exemples de projets financés par cette institution, lorsque cela s'avère nécessaire, pour appuyer ses démonstrations. .... »;

« Pour établir la véracité de cette thèse, nous analyserons les aspects juridiques constitutifs, les politiques opérationnelles et les instruments de financement de la BAD et des institutions qui lui sont affiliées. Et nous tenterons essentiellement de démontrer qu'elle est dotée d'un droit international institutionnalisé ou d'un cadre juridique adéquat qui lui permette de fonctionner normalement en vue de l'atteinte de son but, qu'elle est revigorée à la suite des réformes intervenues successivement depuis mai 1995 et qu'elle est ainsi à même de s'acquitter plus efficacement de ses fonctions en vue de la réalisation de plus en plus effective de son but en faveur du développement africain. De la même manière, nous tenterons de démontrer que les institutions qui lui sont affiliées, le FAD et le FSN, sont bien outillées pour fonctionner normalement et s'acquitter de leurs fonctions respectives aux fins d'aider la BAD dans la réalisation de son but. »;

« En d'autres termes, nous tenterons donc, dans une perspective dynamique de l'évolution de la BAD et au regard des questions traditionnelles que suscite le concept de l'effectivité du droit international :

- de vérifier si le droit international institutionnalisé de la BAD existe et est bel et bien une réalité, en prenant soin de définir ses caractéristiques et ses spécificités;

 - de vérifier s'il y a des dysfonctionnements et des difficultés d'application ou de mise en œuvre des règles de ce droit international d'ordre particulier;

 - de mesurer la capacité et la puissance de ce droit (droit constitutif et droit dérivé ou matériel) à permettre à cette institution de bien assumer ses fonctions, les plus fondamentales étant celle de mobilisation des ressources (article 2.1.c. de l'Accord) et celle de financement des opérations (article 2.1.a.), de sorte donc à apprécier la capacité de la BAD à se doter effectivement de ressources financières nécessaires, tout comme à apprécier sa capacité à financer de manière de plus en plus effective des opérations en faveur du développement des pays africains;

 - de vérifier si des actions concrètes ont été et sont effectivement prises dans l'exercice des fonctions de cette institution en terme plus particulièrement de mobilisation effective des ressources nécessaires et en terme de financement effectif des opérations en faveur du développement africain, en nous efforçant à cet effet de donner des exemples chiffrés et illustratifs d'un certain nombre limité de projets financés réellement par la BAD. ».

De la même manière, toujours dans l'introduction générale et toujours conformément au sujet de thèse juridique préalablement approuvé par la directrice de thèse et le programme de doctorat de la Faculté de droit, et enregistré par l'uOttawa, il est également précisé ce qui suit :

« Face au souci de cerner l'intégralité du droit international institutionnalisé de la BAD (droit constitutif et droit matériel ou dérivé), nous nous sommes néanmoins efforcé d'allier les exigences d'une délimitation judicieuse et raisonnable en vue de la réalisation de cette étude. »;

« Eu égard aux limites de notre champs d'investigation et à la thèse que nous nous proposons de soutenir, il va sans dire qu'il ne s'agit pas dans cette étude d'analyser les projets financés par cette institution pour démontrer l'impact de chacun d'entre eux sur le développement ou pour démontrer que la BAD contribue au développement des pays africains. »;

« Une démonstration de ce genre, qui devrait à notre avis s'appuyer sur une analyse approfondie des projets financés par cette institution depuis sa création en 1963 jusqu'à ce jour et donc sur une analyse complète du bilan économique de son action sur le progrès social et le développement économique en Afrique, dépasse largement le cadre de notre étude. »;

« Les spécialistes de la question, notamment des brillants économistes qui se sont livrés partiellement à un tel exercice, sont récemment parvenus à la conclusion que la BAD contribue effectivement à l'amélioration des conditions d'existence des africains et au développement de l'Afrique. »;

« Mais en dépit de ce fait, il ne sera pas sans intérêt de vérifier, à titre indicatif et de manière mesurée, la capacité de la BAD à contribuer effectivement et réellement au développement africain. Nous donnerons à cet effet un aperçu général de quelques projets financés par cette institution, en nous appuyant plus particulièrement sur l'orientation ou la ventilation globale de ses ressources par instruments de financement utilisés, par secteurs ou domaines d'activité et par pays en fonction des sous-régions d'appartenance. ».

Travail réalisé conformément aux règlements et à l'entente enregistrée

Sur base de ces termes de référence contractuels contenus ou découlant du sujet/projet de thèse final convenu et enregistré par l'uOttawa, j'avais donc ainsi en fin de compte complété en avril 2000 la première version complète de ma thèse (360 pages à interligne 1.5) conformément à tout ce qui précède. Et ce, sous la supervision continue et étroite de la même directrice de thèse.

J'avais ainsi donc en fin de compte réalisé une analyse juridique très approfondie sur le droit international institutionnel de la BAD, dans une perspective dynamique et comparative de son évolution depuis sa création en 1963 et avec un accent particulier sur ses réformes (juridiques, institutionnelles et de ses politiques opérationnelles) entreprises en 1997 et qui étaient entrées en vigueur en 1999.

Ce qui m'avait permis de prouver et de démontrer, d'une telle manière dynamique et originale, l'objet de ma thèse. Le tout, conformément au sujet/projet de thèse enregistré par l'uOttawa et aux règlements de l'uOttawa applicables aux thèses du Programme de doctorat de la Faculté de droit de l'uOttawa.

C'est du moins ce dont j'étais convaincu d'avoir réalisé conformément à l'entente finale sur mon sujet de thèse juridique enregistré par l'uOttawa et conformément aux critères et règlements de l'uOttawa applicables aux thèses du programme de doctorat en droit de l'uOttawa.

Pour la directrice de thèse, c'était complètement une toute autre histoire. Sa conclusion finale, que je vous laisse apprécier ci-après, était la suivante : - elle ne savait pas que ma thèse finale portait sur le sujet juridique traité; - elle pensait que le sujet et l'objet de ma thèse étaient d'analyser les projets financés par la BAD pour démontrer la contribution économique et sociale réelle de cette institution au développement de l'Afrique; - la thèse doit être refaite au complet, sur ce dernier sujet.

CHAPITRE 5

"Amnésie"?
Quand votre animosité
se retourne contre vous

« Je ne savais pas que ... Je pensais que ... »

Entre janvier et mars 2000, j'avais donc soumis ladite première version complète de ma thèse à l'examen et aux commentaires de la directrice de thèse, en deux parties successives.

J'attendais alors ses commentaires en vue ensuite de la finaliser et de la lui soumettre de nouveau aux fins de dépôt à la FÉSP pour évaluation par un jury en vue de la soutenance. Et là, l'inimaginable s'est produit. C'était horrible. Quelle horreur!!!

Vers le 10 ou le 19 avril 2000, au terme de son évaluation, elle l'avait rejetée au complet en disant qu'elle ne savait pas que ma thèse portait sur le sujet traité.

Elle avait ajouté qu'elle pensait que ma thèse portait sur l'analyse des projets de développement financés par la BAD dans les pays africains et visait à démontrer la contribution économique et sociale réelle de la BAD au développement de l'Afrique.

Elle avait expliqué sa décision en disant que je n'avais pas analysé les projets pour démontrer la contribution économique et sociale réelle et l'impact réel de la BAD au développement des pays africains, et que je m'étais de ce fait éloigné de mon sujet de thèse.

Elle avait conclu que sans cette démonstration de la contribution économique et sociale réelle de la BAD au développement de l'Afrique, ma thèse n'était pas une thèse et ne satisfaisait pas aux critères requis pour sa soutenance et l'obtention d'un doctorat en droit de l'uOttawa.

Elle m'avait ensuite dit que je devais la refaire à zéro sur ce sujet-là. Elle avait à cet effet dit et écrit que l'analyse (économique) des projets devait être « le squelette » de la nouvelle thèse. Elle avait ajouté que la question principale devait être de démontrer la contribution économique et sociale réelle de la BAD sur le développement des pays africains. « A-t-elle contribué? », avait-elle aussi écrit. Elle avait pour finir demandé et exigé que je lui soumette à cet effet un nouveau projet de thèse de deux pages pour recommencer ma thèse sur ce sujet et qu'on reparte sur de nouvelles bases.

Une énième expérience de barbarie traumatisante

Très surpris et très choqué qu'elle revienne encore si abusivement sur de telles exigences d'une telle étude économique alors que la question avait été réglée définitivement avec la signature de l'entente sur le sujet/projet de thèse final enregistré conformément aux règlements par l'uOttawa via la FÉSP, j'avais évidemment refusé et rejeté aussi bien ces conclusions que ces exigences et propositions de la directrice de thèse.

En lieu et place, je l'avais confrontée intellectuellement, sur mon sujet/projet de thèse final enregistré par l'uOttawa, sur l'objet juridique du sujet de thèse enregistré, et sur les critères et les règlements de l'uOttawa applicables aux thèses du programme de doctorat en droit concerné.

Je ne voulais définitivement pas revivre ce que j'avais vécu avant : l'intimidation, tous les propos désobligeants, etc. Alors, avec fermeté, je lui avais rappelé tout cela et dit : NON! Plus jamais ça!

J'avais aussi insisté et réitéré que la thèse qu'elle me demandait de faire était de nature économique, n'était pas la mienne, et que je n'avais pas non plus les compétences requises pour faire une telle étude d'analyse socio-économique qui dérogeait par ailleurs aux règlements définissant les règles et critères de méthodologie, de recherche, de rédaction et d'évaluation des thèses doctorat de la Faculté de droit de l'uOttawa.

Malgré tout cela, elle avait persisté dans sa position. Elle tenait à sa thèse d'analyse économique des projets pour démontrer la contribution économique et sociale réelle de la BAD au développement.

Ainsi, sur base de ses préjugés, elle avait réitéré les motifs de ses conclusions : - la BAD ne servait à rien; - la contribution économique et sociale réelle de la BAD au développement de l'Afrique était nulle ou insignifiante; - la BAD avait mandat de développer l'Afrique; - la BAD n'arrivait pas à développer l'Afrique; - il fallait la démanteler; - je devais lui démontrer le contraire de tout cela et faire de tout cela le sujet de ma thèse.

Son obsession, qui avait ainsi ressurgi, était donc que je lui prouve le contraire de ses conclusions (ou plutôt de ses préjugés), au moyen d'une thèse réorientée sur une étude d'analyse socio-économique des projets financés par la BAD dans les pays africains, et ayant pour objet de démontrer la contribution économique et sociale réelle de la BAD au développement de l'Afrique.

Malheureusement, tel n'était pas mon sujet de thèse juridique convenu contractuellement avec l'uOttawa et enregistré par l'uOttawa! Ce n'était pas un sujet de thèse juridique! Ça dérogeait aux règles de méthodologie et aux critères de rédaction et d'évaluation des thèses en droit applicables aussi bien aux thèses de la Faculté de droit de l'uOttawa que des facultés de droit de n'importe quelle autre université au Canada et dans le monde! Ça violait clairement les règlements de l'uOttawa!

Qu'à cela ne tienne, elle ne voulait rien savoir! Je ne savais donc vraiment plus quel(s) autre(s) argument(s) de plus développer pour lui faire comprendre tout cela et la convaincre. Je ne savais plus à quel saint me vouer. Je commençais plus que sérieusement à en vouloir au directeur du Programme, qui l'avait nommée comme directrice de thèse de ma thèse en l'identifiant en substance, dès ma demande d'admission en juillet 1997, comme la spécialiste du sujet, du droit international du développement et du droit des organisations économique et de telles institutions financières internationales comme la BAD. En même temps, je me demandais si je devais vraiment à en vouloir au directeur du Programme. Était-ce vraiment sa faute?

En fin de compte, je m'étais dit : non. D'autant plus que la professeure directrice de thèse concernée dispensait ces cours-là à la Faculté de droit de l'uOttawa depuis plusieurs années. Mais, comment faisait-elle? Telle était devenue une autre de mes grandes questions, quoique j'avais déjà la réponse ou des éléments de réponse à cette question.

En effet, non seulement j'avais pu moi-même m'en rendre compte, mais aussi, des recherches sur ses éventuelles activités de recherche et publications en tant que professeure de droit, les discussions avec d'autres étudiants, ainsi que la consultation d'un site web sur l'évaluation des professeurs de l'uOttawa par les étudiants, m'avaient également conforté dans mes conclusions par rapport à ladite question.

Bref, j'avais une fois plus réitéré également à la concernée mes arguments sur les trois thèses juridiques de référence similaires à la mienne, qui s'étaient limitées elles aussi à donner des illustrations chiffrées de quelques activités opérationnelles et projets financés par la BAD ou par la Banque mondiale pour appuyer les démonstrations juridiques y faites.

Je lui avais ainsi réitéré que conformément également aux règles de méthodologie et de recherche applicables en droit, ainsi qu'aux règlements de l'uOttawa applicables aux thèses de doctorat du programme de doctorat en droit de l'uOttawa, j'avais moi aussi rédigé ma thèse de la même manière en me limitant par ailleurs sur mon sujet et projet de thèse juridique qui a été préalablement approuvé conformément auxdits règlements.

Ce faisant, je lui avais répété aussi que la question d'analyser les projets pour établir, déterminer et démontrer la contribution économique et sociale réelle ou l'impact réel de la BAD sur le développement des pays africains et de l'Afrique ne faisait pas partie de mon contrat de thèse enregistré par l'uOttawa, dérogeait aux règles de méthodologie applicables en science juridique, dépassait largement le cadre d'une étude juridique et violait les règlements de l'uOttawa applicables aux thèses de doctorat de la Faculté de droit de l'uOttawa.

Je lui avais aussi dit, répété et insisté que j'avais fait ma thèse sur son sujet enregistré et que j'avais juridiquement démontré tout ce que j'avais annoncé tant dans le projet de mon sujet de thèse enregistré que dans l'introduction générale de ma thèse complétée, à savoir :

- la BAD a été revigorée par les réformes juridiques, institutionnelles et des politiques opérationnelles entrées en vigueur en 1999;

- la BAD est ainsi mieux outillée pour assumer et exercer ses fonctions et pour ainsi atteindre son but conformément à ses statuts;

- les organes de la BAD fonctionnent harmonieusement;

- la BAD mobilise effectivement les ressources nécessaires au financement des projets pour contribuer au développement;

- la BAD finance effectivement de tels projets dans le respect des conditions prévues dans ses statuts et des limites des proportions financières prévues dans ses statuts;

- la BAD s'acquitte donc effectivement de ses fonctions conformément à ses statuts et contribue donc ainsi au développement des pays africains bénéficiaires de ses financements et donc au développement de l'Afrique;

- la BAD dispose de la capacité de continuer à assumer ses fonctions et d'atteindre ainsi son but conformément à ses statuts.

En dépit de tous ces arguments, elle avait réitéré ses exigences et conclu que sans la démonstration de la contribution économique et sociale réelle de la BAD au moyen d'une thèse d'analyse des projets qu'elle me demandait de refaire complètement à zéro, elle ne pouvait rien faire pour moi.

Elle avait expliqué et renchéri en disant que sans cette analyse et cette démonstration, ma thèse n'était pas une thèse de doctorat en droit, que ma thèse ne répondait pas aux critères pour l'obtention d'un doctorat en droit, mais seulement d'une maîtrise en droit.

Elle m'a ensuite ainsi poursuivi en me disant très gentiment, comme pour me convaincre de sa bonne foi, qu'elle pouvait approuver ma thèse doctorale en droit concernée, mais seulement pour l'octroi un diplôme de maîtrise en droit.

Elle m'avait alors ensuite demandé si j'acceptais cela.

Elle avait ajouté qu'à défaut (pour moi d'accepter), c'était alors un échec de mes études doctorales et de ma thèse de doctorat en droit.

Je vous laisse en juger.

Mais j'avais pour ma part trouvé cela très très insultant, trop sauvage, très barbare et très méchant comme acte manifestement excessif de pouvoir et d'animosité de sa part!

Sa mauvaise foi, son intention de nuire et sa barbarie étaient trop manifestes.

Souvenez-vous de la définition de la barbarie donnée par le juriste et auteur français André Vitu :

« L'acte de barbarie est celui par lequel le coupable extériorise une cruauté, une sauvagerie, une perversité qui soulève une horreur et une réprobation générale. »

Jamais je ne m'étais senti autant insulté, abusé, méprisé et de manière aussi cruelle et sauvage.

C'en était vraiment trop!

Elle éprouvait réellement du plaisir, me disais-je, à agir comme elle faisait.

J'avais trouvé cela abominable et diabolique de sa part de pousser sa cruauté et son acharnement jusqu'à ainsi arbitrairement et injustement oser me proposer si abusivement et sauvagement, et sur base d'aucun règlement de l'uOttawa, un diplôme de maîtrise en droit en lieu et place d'un diplôme de doctorat en droit mérité.

Comment pouvait-elle oser pousser son animosité jusque-là?

Comment pouvait-elle oser proposer un diplôme de maîtrise en droit à un étudiant de doctorat en droit?

Comment pouvait-elle oser faire une telle proposition à un tel étudiant qui a rédigé sa thèse avec compétence, conformément aux règlements et aux critères y applicables et dans les limites de son sujet juridique convenu préalablement, enregistré formellement par l'uOttawa et traité conséquemment?

Comment pouvait-elle oser faire une telle proposition à un tel étudiant qui, au terme d'un travail d'une envergure, d'une complexité et d'une qualité non requises pour un diplôme de maîtrise en droit, satisfaisait aux critères de méthodologie, de rédaction, d'évaluation des thèses du programme de doctorat de la Faculté de droit de l'uOttawa concernée?

Comment pouvait-elle oser faire une telle proposition à un tel étudiant qui était inscrit au programme de doctorat de la Faculté de droit de cette université et non pas au programme de maîtrise de cette Faculté?

Comment pouvait-elle oser faire une telle proposition à un tel étudiant qui par ailleurs détient déjà une maîtrise en droit ainsi qu'une maîtrise en gestion et développement des entreprises coopératives, et dont elle avait formellement approuvé le sujet final de thèse de doctorat en droit et jugé le progrès satisfaisant?

Bref, comment pouvait-elle oser faire une telle proposition à un tel étudiant dont la relation contractuelle avec l'uOttawa était régie par les règlements de l'uOttawa applicables aux étudiants du programme de doctorat de la Faculté de droit de celle-ci?

Les règlements et les critères de l'uOttawa applicables aux étudiants et aux thèses du programme de doctorat de la Faculté de droit de l'uOttawa et régissant la relation contractuelle entre l'uOttawa et chacun des étudiants inscrits audit programme, les connaissait-elle?

Se croyait-elle dans la jungle?

Pensait-elle être au-dessus de ces règlements de l'uOttawa et de la loi? Pourquoi tout cet abus excessif de pouvoir et tout cet acharnement continu contre moi?

À ces diverses questions, une seule explication commençait à s'imposer dans ma tête : la barbarie, le goût et le plaisir à se comporter de manière barbare.

Ce n'était plus simplement un problème notamment d'incompétence, de discrimination ou autres.

Elle m'en voulait pour quelque chose et elle éprouvait du plaisir, un réel plaisir, à me flageller.

C'est définitivement à cette conclusion que j'étais en fin de compte parvenu : elle agissait de manière préméditée.

Sa proposition concernée, d'approuver ma thèse de doctorat concernée, mais pour l'octroi non pas d'un diplôme de doctorat en droit mais plutôt pour l'octroi d'un diplôme maîtrise en droit m'avait vraiment insulté, fâché, irrité profondément et mis dans tous mes états. Quelle audace alors cette dame! C'en était trop!

J'étais tellement fâché et enragé que les larmes de colère et de rage avaient commencé à couler de mes yeux. Je ne pouvais les retenir. Mais je devais me contenir moi-même.

Plusieurs idées me passaient entre-temps par la tête.

Trop, c'est trop! C'était trop! C'en était vraiment trop de tels abus excessifs, néfastes pour ma santé et pour mon bien-être physique, affectif et moral, de la part de cette dame-là!

Il m'avait fallu une force surnaturelle, celle de Dieu, pour que je me contienne tel que j'avais fait jusqu'à l'arrivée du directeur du Programme dans le bureau de cette dernière pour aider au règlement de ce conflit.

Le directeur du Programme à la rescousse

La directrice de thèse avait alors elle-même téléphoné au directeur du Programme. Celui-ci était en congé sabbatique en ce moment-là. Mais il était présent à l'université, dans un autre bureau, pour ses propres recherches.

Elle lui avait demandé s'il était disposé à nous rejoindre au bureau de la directrice (qui assumait en ce moment-là l'intérim du directeur du Programme) pour aider à la résolution de ce conflit sur le sujet et l'objet de la thèse concernée.

Le directeur du Programme était aussitôt venu.

Il était très étonné et choqué à son arrivée, de notamment me trouver « dans tous mes états ».

Il témoigne lui-même de cet événement, dans son affidavit, aux paragraphes 33 à 38 ci-après :

« 33. Vers la fin du mois de mars 2000, alors que j'étais toujours en congé sabbatique mais présent à la Faculté, l'occasion m'a été donnée d'être témoin, non sans surprise, d'un grave conflit opposant monsieur Zabo à sa directrice de thèse. Ma collègue m'a téléphoné et m'a demandé si je pouvais aller dans son bureau pour l'aider, car elle faisait face à un conflit avec son étudiant, monsieur Zabo, concernant la première version de la thèse élaborée et soumise par ce dernier. Elle m'a dit qu'elle trouvait cette thèse inacceptable, tandis que l'étudiant estimait de son côté qu'elle ne nécessitait plus que quelques mises au point et qu'elle devrait être assez prochainement en état d'être déposée en vue de son évaluation et de sa soutenance. »;

« 34. Dès mon arrivée dans son bureau où, très étonné, j'ai trouvé monsieur Zabo dans tous ses états (suffoqué et au bord des larmes), ma collègue m'a dit en substance qu'il y avait mésentente totale entre elle et le candidat sur les orientations et le contenu de la thèse, qu'elle jugeait celle-ci inacceptable, que monsieur Zabo lui avait remis un texte largement descriptif qui paraphrasait les statuts de la BAD, dans le but de montrer que la BAD disposait des mécanismes nécessaires pour contribuer au développement des pays africains, alors qu'elle s'attendait à ce qu'il procède à des analyses des projets financés par la BAD pour démontrer la contribution réelle, économique et sociale, de cette institution à ce développement. »;

« 35. Ma collègue m'a dit également qu'elle n'aurait jamais accepté de diriger la thèse de monsieur Zabo si elle avait su que son objet n'était pas de démontrer cette contribution. Faute d'une telle démonstration, elle estimait que la thèse n'en était pas une. »;

« 36. Monsieur Zabo contestait pour sa part les conclusions de sa directrice de thèse et estimait au contraire que, compte tenu du cadre juridique institutionnel assigné à sa thèse, il avait procédé à un traitement poussé du sujet répondant aux exigences d'une thèse de doctorat en droit, et qu'il avait aussi, à titre illustratif et tel qu'annoncé dans son projet de thèse enregistré ainsi que dans l'introduction générale de sa thèse, donné un certain nombre d'exemples de projets financés par la BAD. »;

« 37. Monsieur Zabo disait qu'il avait effectué des recherches approfondies sur le sujet et qu'il s'était notamment référé à deux modèles de deux thèses de doctorat antérieures, portant sur des études juridiques de nature similaire sur la BAD et sur la Banque mondiale, et qui ne contenaient pas non plus d'analyses économiques des projets en vue de démontrer la contribution réelle au développement social et économique des pays bénéficiaires. »;

« 38. Monsieur Zabo contestait par ailleurs vigoureusement le fait que sa directrice de thèse lui reproche d'avoir tout simplement décrit et paraphrasé le texte des statuts de la BAD qui, d'après ses dires, ne contiennent pourtant qu'environ 40 pages en tout et pour tout, alors qu'il avait pour sa part rédigé et soumis une première ébauche de thèse d'environ 360 pages. ».

En toute franchise...

Sincèrement, dites-moi comment en « paraphrasant » un texte d'une quarantaine de pages (les statuts de la BAD) on peut produire une thèse de doctorat en droit de 360 pages (à interligne 1.5) qui soit ou puisse être « largement descriptive ».

Dites-moi aussi, sincèrement, comment on peut rendre critique ou plus critique une thèse de doctorat en droit au moyen d'une étude d'analyse socio-économique des projets de développement visant à démontrer la contribution économique et sociale réelle au développement économique et social d'un ou plusieurs pays ou encore d'un continent.

Est-ce du droit? Est-ce le travail d'un juriste?

Était-ce la nature et l'objet de mon sujet/projet de thèse final du 20 juin 1999 qu'elle avait elle-même approuvé en double qualité (en tant que directrice de thèse et en tant que directrice du programme de doctorat en droit concerné) le 31 août 1999 et qui avait dûment été enregistré conséquemment par la FÉSP au nom de l'uOttawa et qui avait ainsi scellé officiellement le contrat sur mon sujet/projet de thèse de doctorat en droit entre l'uOttawa et moi?

Était-ce la nature et l'objet de mon sujet de thèse qu'ils avaient tous les deux approuvé depuis ma demande d'admission par le biais de mon projet de thèse du le 8 juillet 1997 (soit trois ans plus tôt en ce moment-là)?

Ces exigences, d'une toute autre thèse, d'analyse économique, sont-elles conformes aux critères établis et prévus par les règlements de l'uOttawa applicables aux thèses du programme de doctorat de la Faculté de droit de cette université?

Le directeur du Programme, professeur émérite et homme d'une intégrité et d'une moralité sans faille, avait tout compris. Il était déjà au courant de ce conflit. Mais il pensait que le problème avait été définitivement réglé depuis notamment l'enregistrement du sujet/projet de thèse final par la FÉSP dix mois avant cet événement.

D'où, sur place, il n'avait rien dit. J'avais vu, par son silence mêlé de beaucoup de sympathie perceptible, qu'il avait tout compris. Mais il ne pouvait rien dire. C'était tout de même sa collègue. Il ne pouvait dire grand-chose ni lui faire de reproche devant moi.

Il avait simplement accepté par la suite, quelques jours après, de lire à son tour la thèse concernée, pour comprendre le conflit et voir à partir de là ce qui serait faisable. Et vu que c'est ma directrice de thèse qui assumait en ce moment-là l'intérim du directeur du Programme, il m'avait aussi dit et conseillé de saisir également le doyen de la Faculté de droit en vue d'un processus informel pour tenter de résoudre ce conflit.

CHAPITRE 6

Règlement du conflit : les règlements de l'uOttawa et l'entente enregistrée sont opposables à tous

Processus suivi et décision au niveau de la Faculté de droit

Une plainte informelle s'ensuivra alors immédiatement, vers le 15 avril 2000, auprès du doyen de la Faculté de droit.

Lors de notre rencontre à cet effet, il m'avait en substance dit spontanément que la directrice de thèse ne pouvait pas exiger ou imposer une thèse autre que celle dont le sujet avait déjà été dûment approuvé et enregistré à l'uOttawa, et dont j'avais par ailleurs déjà rédigé et soumis une première ébauche complète conformément aux règlements.

Il avait conclu qu'elle ne pouvait pas le faire à un tel stade, ni sur un sujet dans un autre domaine que le droit.

Ses conclusions se passent de tout commentaire.

Il m'avait alors ainsi ensuite renvoyé au directeur du Programme (sorti de son congé sabbatique) en disant que ce dernier avait plus d'expérience en la matière et serait mieux à même d'aider à résoudre ce conflit.

Le directeur du Programme concerné avait alors ainsi accepté d'examiner la thèse lui-même aussi pour tenter de régler le conflit. Au terme de son examen en deux semaines après, il avait lui aussi estimé et déclaré non conforme d'exiger d'un étudiant doctorant en droit de faire « des analyses économiques aussi importantes », en plus « sur un sujet non annoncé ni dans le projet de thèse initial ni dans celui qui a été enregistré », et pour lesquelles le doctorant concerné « ne disposait ni de la compétence ni de la documentation de première main nécessaires ».

Il avait conclu que la thèse avait été rédigée conformément à son sujet/projet approuvé et enregistré par l'uOttawa.

Il avait aussi ajouté que la thèse était « dans l'ensemble correctement écrite et organisée » et qu'elle « répondait aux normes de référence généralement admises pour les thèses de doctorat en droit à l'uOttawa ».

Voici ce qu'il en a dit dans son affidavit, aux paragraphes 40 à 42, en parlant des exigences et décision concernées de la directrice de thèse ainsi que de ses propres conclusions suite à mon recours informel concerné :

« 40. Quant à moi, peu préparé à ce que l'on exige, à plus de mi-parcours, d'un candidat au doctorat en droit des analyses économiques aussi importantes, dont il n'avait pas annoncé le traitement dans son projet de thèse de doctorat du 20 janvier 1998, ni dans son projet de thèse remanié et enregistré du 20 juin 1999, et pour lesquelles il ne disposait ni de la compétence ni de la documentation de première main nécessaires, j'ai aussi accepté, de façon également purement informelle et à la demande du candidat, de parcourir substantiellement sa thèse, de façon à voir si, au moins au plan de l'organisation, il pouvait lui être fait des reproches. »;

« 41. Au cours de mon examen dans le courant du mois d'avril 2000, j'ai trouvé un texte portant sur le sujet de thèse annoncé tant dans le projet de thèse enregistré du 20 juin 1999 que dans l'introduction générale de la thèse soumise à mon examen, dans l'ensemble correctement écrit et correctement organisé, et répondant aux normes de référence généralement admises pour les thèses de doctorat en droit à l'Université d'Ottawa. »;

« 42. Dans l'introduction générale de la thèse, lors de mon examen, j'ai notamment trouvé précisé que cette thèse n'avait pas pour objet d'analyser les projets financés par la BAD pour démontrer la contribution de cette institution au développement économique et social des pays africains. ».

Le conflit avait été ainsi tranché de manière informelle, vers la fin du mois d'avril 2000, en ma faveur. C'était à la très grande surprise et déception de la directrice de thèse. Elle s'était alors ainsi retirée aussitôt comme directrice de la thèse, non sans amertume.

Elle avait alors été aussitôt remplacée par le doyen de la Faculté de droit lui-même, en tant que nouveau directeur de thèse à compter du 1er mai 2000.

Le doyen de la Faculté de droit : nouveau directeur de thèse

Le remplacement et la nomination d'un nouveau directeur de thèse avaient donné lieu à un nouvel enregistrement dans le document officiel « Enregistrement du sujet/projet de thèse et du nom du directeur ou de la directrice de thèse ».

À l'occasion de cet enregistrement du nom du nouveau directeur de thèse le 12 mai 2000, le même sujet/projet du 20 juin 1999 avait lui aussi été réaffirmé et réenregistré de nouveau auprès de la FÉSP, conformément aux règlements. De ce fait, le sujet de thèse déjà traité a été reconfirmé.

Il y a aussi à cette occasion une légère modification du titre final de la thèse : « La Banque africaine de développement : aspects juridiques et politiques de financement des opérations ».

Le titre antérieurement enregistré était : « La Banque africaine de développement : aspects juridiques, financement et politiques des opérations. »

J'avais dû me réinscrire pour finaliser la thèse sous la supervision du nouveau directeur de thèse. Y incluant pour y faire un certain nombre d'ajouts ou de corrections et de modifications que le nouveau directeur de thèse et le directeur du Programme avaient respectivement proposés.

Ainsi, le 6 décembre 2000, j'avais soumis au directeur de thèse ma thèse finalisée (407 pages à interligne 1.5). Au terme de son examen, il l'avait approuvée, certifiée ainsi conforme aux règlements et critères applicables, et en avait alors autorisé le dépôt à la FÉSP aux fins d'évaluation par un jury en vue de la soutenance.

Des appréhensions

La thèse juridique concernée avait ainsi été déposée pour son évaluation par un jury en vue de sa soutenance. Ouf!; pouvais-je me dire.

Mais je craignais tout de même un peu que le même conflit avec l'ancienne directrice de thèse ressurgisse au niveau notamment des examinateurs membres de mon jury de thèse lors de leur évaluation.

J'avais définitivement des appréhensions.

Pourquoi?

Et bien, le monde est petit. La directrice de thèse était amère, insatisfaite du dénouement du conflit en ma faveur. Et elle avait déjà manipulé un professeur de la Faculté de droit contre moi et contre ma thèse pour que ce professeur-là me convainque de la pertinence d'une thèse réorientée sur une étude d'analyse économique des projets visant à démontrer la contribution économique et sociale réelle de la BAD sur le développement de l'Afrique. Un professeur de la section de la Common Law de la Faculté de droit de l'uOttawa, que je croyais pourtant être un bon professeur, intègre et d'une bonne moralité. J'étais très surpris de me rendre compte du contraire.

Et elle avait de la même manière commencé à parler à d'autres et à dénigrer ma thèse et à propager le conflit auprès de ses collègues professeurs ou de certains d'entre eux.

L'un d'eux, tel que vous le verrez plus loin, en témoigne sous serment dans son affidavit qu'il avait lui aussi déposé en faveur de mon action en responsabilité civile contractuelle et délictuelle contre l'uOttawa dans cette affaire. Je devais donc être prudent.

Qu'à cela ne tienne, j'étais tout de même confiant d'un autre côté. Du moins, je me voulais confiant. Ce d'autant plus que j'avais rédigé une thèse de qualité et que j'avais fait et démontré ce que je devais faire et démontrer dans ma thèse, conformément au sujet enregistré et conformément aux critères spécifiques de rédaction, d'évaluation et d'obtention d'un diplôme de doctorat en droit à l'uOttawa.

Les évaluations et conclusions aussi bien du directeur du Programme que de mon directeur de thèse et doyen de la Faculté de droit confirmaient cela aussi. Ce qui avait renforcé ma confiance.

En plus, avoir le doyen de la Faculté de droit lui-même comme directeur de thèse renforçait également cette confiance.

Avec le doyen de la Faculté de droit lui-même comme directeur de thèse, je me disais que j'étais à l'abri d'une vengeance de mon ancienne directrice de thèse au niveau de mon jury de thèse. Je me disais que j'étais à l'abri d'une résurgence du même conflit ou d'un complot malveillant de sa part avec ses collègues qui seraient nommés dans mon jury de thèse.

Hélas!

CHAPITRE 7

Le conflit réglé resurgit au jury :
le scandaleux complot malveillant redouté

La barbarie refait surface et monte d'un cran : deux évaluateurs dans le coup

Huit mois après le dépôt de ma thèse, soit vers août 2001, le conflit avait resurgi subitement au niveau de mon jury de thèse. C'était au terme de leur évaluation. Pourtant on le croyait réglé définitivement ce conflit-là. On l'avait cru réglé définitivement. Du moins, on avait des raisons de le croire réglé définitivement.

Deux examinateurs B et C s'étaient opposés à la soutenance de la thèse. Les deux autres, A et D, l'avaient accepté pour sa soutenance. Un jury pair : deux pour, deux contre.

À l'uOttawa, la voix du directeur de thèse ne compte dans un jury de thèse. Le directeur de thèse ne participe pas aux délibérations ni aux décisions du jury de thèse à l'uOttawa.

Ailleurs, j'aurais soutenu ma thèse et pu obtenir mon doctorat depuis lors, à la majorité de 3 voix contre 2.

Mais bon, les règlements sont les règlements. Ils sont opposables à tous.

Dans tous les cas, là n'est pas le problème dans cette affaire. Quel est alors le problème?

Les lignes et chapitres qui suivent vous fournissent ou vous confirment la réponse ou d'autres éléments pour vous permettre de répondre vous-même aussi à cette question.

Les règlements ci-après régissent la matière (le processus d'évaluation des thèses de doctorat) à l'uOttawa, sur le plan de la forme :

- « Le jury d'une thèse de doctorat comprend au moins quatre, mais pas plus de sept examinateurs. Le directeur de la thèse n'est pas inclus dans le nombre minimum d'examinateurs et n'a pas droit de vote. » (Règlements généraux G., «Thèses», FÉSP, uOttawa, G.5.1(b)i.);

- « Le président du jury sera le doyen de la FÉSP ou son représentant. » (G.5.1(b)vi.);

- « Une thèse ne peut être acceptée en vue de sa soutenance si deux examinateurs s'y opposent. Dans le cas où l'un des examinateurs a des réserves sérieuses (verdict 3) au sujet de la thèse, il revient au doyen de la FÉSP de prendre une décision. Toute personne dont la thèse n'a pas été acceptée pour la soutenance à la suite d'une seconde évaluation (verdict 3 en majorité) doit se retirer du programme. » (G.5.5a)4).

Par sa lettre du 13 août 2001, le doyen de la FÉSP m'avait fait parvenir les verdicts du jury ainsi que leurs rapports d'évaluation respectifs en me disant de prendre connaissance des verdicts et des commentaires des examinateurs pour pouvoir réviser ma thèse et la soumettre de nouveau à l'évaluation avant toute soutenance.

Il avait ajouté que si je jugeais bon de ne pas donner suite à certains commentaires ou exigences d'un ou des examinateurs, que j'en donne les raisons détaillées à la FÉSP.

Parfait! Qu'avait-il fait ensuite de ces « raisons détaillées »?

Le règlement spécifique de l'uOttawa ci-après, que je me dois de rappeler à ce stade-ci, définit les critères de rédaction et d'évaluation des thèses du programme spécifique de doctorat de la Faculté de droit de l'uOttawa et régit donc la matière (l'évaluation des thèses de doctorat du programme de doctorat de la Faculté de droit de l'uOttawa), sur le fond :

« La thèse de doctorat (en droit) doit être le résultat d'une recherche approfondie et démontrer une connaissance exhaustive de la littérature juridique se rapportant au sujet traité. Elle doit être une contribution significative à l'avancement de la science juridique et être d'une qualité telle qu'elle mérite d'être publiée. » (Règlement spécifique «Droit», DCL-12, uOttawa, FÉSP, Droit).

Par ailleurs, également pour rappel, les deux autres règlements pertinents en la matière (notamment en ce qui concerne la rédaction des thèses par les étudiants et en ce qui concerne les révisions que les évaluateurs de thèse peuvent demander suite à l'évaluation d'une thèse), prévoient ce qui suit, sur le plan du fond :

- « Les personnes inscrites au doctorat doivent établir leur programme de cours et de recherche selon les règlements en vigueur dans l'unité scolaire responsable du programme. » (Règlement général B.2.3., uOttawa, FÉSP);

- « La rédaction de la thèse doit être conforme aux règles de méthodologie en vigueur dans l'unité scolaire où les études sont poursuivies.» (Règlement général G.3., uOttawa, FÉSP).

Tout bien considéré, en évaluant la thèse concernée, les examinateurs du jury nommés devaient donc respecter impérativement ces règlements et critères ainsi que le sujet juridique de ma thèse que j'avais ainsi rédigée conformément au projet de thèse qui avait été enregistré par l'uOttawa et conformément à ces critères et règlements applicables aux thèses de doctorat du Programme.

Les règlements de l'uOttawa prévoient à cet effet trois verdicts que les examinateurs peuvent respectivement attribuer à une thèse au terme de leur évaluation : - verdict 1 (la thèse est acceptée en vue de sa soutenance); - verdict 2 (la thèse doit subir des révisions importantes); - verdict 3 (la thèse est totalement inacceptable, non révisable, le candidat doit se retirer du programme).

Comment les examinateurs avaient-ils respectivement procédé à cet effet? Avaient-ils évalué la thèse concernée dans les limites du sujet juridique enregistré et traité? Ainsi que dans le respect des règlements et des critères y applicables?

Première chose inusitée et curiosité

Première chose inusitée, bizarre et qui avait dès le départ suscité des interrogations et la suspicion légitime quant à l'évaluation qui avait été faite par le jury concerné :

- deux des autre examinateurs, soit A et D, avaient respectivement attribué à la thèse le verdict 1; et

- les deux autres, soit B et C, avaient respectivement attribué à la même thèse le verdict 3.

Pourquoi ces deux verdicts (1 et 3) extrêmement opposés? Les quatre examinateurs avaient-ils évalué la même thèse? Avaient-ils respectivement considéré le même sujet de thèse ainsi que les mêmes critères et règlements de l'uOttawa à l'effet de leur évaluation? Comment s'expliquaient ou se justifiaient de tels verdicts extrêmes et radicalement opposés? Comment s'expliquait et se justifiait ce résultat "deux examinateurs A et D complètement pour la soutenance" et "deux examinateurs B et C radicalement contre la soutenance"?

Après lecture de leurs rapports d'évaluation respectifs ainsi que de leurs curriculums vitae, ça ne m'avait pas pris deux secondes de plus pour démasquer les examinateurs B et C et pour ainsi comprendre tout le reste : ils étaient dans le coup avec mon ancienne directrice de thèse.

Je vous laisse à votre tour comprendre vous-même et répondre aux questions posées. Mes conclusions sont les miennes. À chacun les siennes. Commençons par leurs curriculums vitae respectifs.

Profil de chacun des quatre examinateurs du jury : tous compétents?

Le jury était donc constitué de quatre examinateurs A, B, C et D. Ci-après la biographie de chacun d'entre eux, disponible sur Internet, à partir des sites web des employeurs de chacun des concernés :

- Examinateur A : Mr. G., Ph. D., économiste, spécialiste ou expert des organismes et institutions de développement international; Directeur du Bureau pour les initiatives en Europe centrale et de l'est, Centre de Recherches pour le Développement International (CRDI); 30 ans d'expérience acquise en administration de programmes et projets de développement au siège et sur le terrain dans plusieurs organisations internationales. Son expérience s'étend également à l'Afrique. Ancien directeur exécutif du Fonds de développement africain et directeur du Club du Sahel auprès de l'Organisation pour la coopération et le développement économiques –OCDE-, Mr. G. a été également directeur général de la Section de planification stratégique de la Direction générale de l'Afrique et du Moyen-Orient au sein de l'Agence canadienne du développement international –ACDI-). Il a à son actif plusieurs publications sur les institutions et organisations internationales de développement et leurs politiques d'intervention;

- Examinateur B : Mr. B., Avocat, membre du barreau du Québec, conseiller juridique au Ministère de la justice, au département de la Francophonie, division de Justice en langues officielles et bijuridisme. Il a travaillé aussi, et travaillerait peut-être encore, en collaboration avec certains de ses collègues de la Faculté de droit de l'Université d'Ottawa, dans des projets comme celui sur le bi-juridisme canadien;

- Examinateur C : Mr. L., Avocat, détenteur d'un diplôme d'études approfondies (DEA), professeur de droit à la Faculté de droit (Section Common Law en français) de l'Université d'Ottawa. Il a été responsable de projets à la Délégation aux droits de l'homme et de la démocratie pour l'Agence de la Francophonie à Paris. Il a par ailleurs été, ou serait toujours, universitaire en résidence à la Direction du droit économique des océans et de l'environnement au ministère des Affaires étrangères et du commerce international du Canada. Domaines d'intérêt et de spécialisation : droit international de l'environnement, droit international de la personne et domaines connexes comme le droit de l'immigration et des réfugiés;

- Examinateur D : (Mr. H) Ph. D., spécialiste en management, vice-doyen et professeur à la Faculté d'administration de l'Université d'Ottawa : Expert en développement international et des pays en développement; Coordinateur du Réseau francophone sur l'entrepreneurship, et a été doyen de l'Institut pour le développement international et la coopération entre 1984 et 1992. Il est par ailleurs consultant en développement international pour le compte de l'Organisation des Nations-Unies, en Afrique notamment. Il est également consultant pour le compte du Centre de Recherches pour le Développement International (CRDI) et de l'Agence canadienne du développement international (ACDI)). Il a à son actif plusieurs publications sur les institutions et organisations internationales de développement et leurs politiques d'intervention.

Difficultés rencontrées par l'uOttawa pour nommer le jury

Dans un affidavit témoignage assermenté déposé le 22 juillet 2003 au soutien également de mon action judiciaire en responsabilité civile contre l'uOttawa, un autre (un deuxième) directeur du Programme, qui était en poste au moment de la constitution dudit jury en décembre 2000, révèle notamment les difficultés qu'il avait rencontrées pour trouver suffisamment de candidats compétents à proposer à la FÉSP pour être nommés au jury concerné. Il fait aussi d'autres révélations intéressantes...

Dans son témoignage sous serment, il déclare, aux paragraphes 3 à 5 de son affidavit, ce qui suit :

« 3. J'ai connaissance des faits que j'atteste ci-après. »;

« 4. Avant que j'assume mes fonctions de codirecteur, Madame la professeure ... (*l'ancienne directrice de thèse concernée et mise en cause dans cette affaire*) m'a mis au courant d'un conflit qu'elle avait eu avec le demandeur (l'étudiant doctorant *Zabo*), conflit à la suite duquel elle s'était retirée comme directrice de thèse du demandeur, pour être éventuellement remplacée dans cette direction par M. le doyen ... (*de la Faculté de droit*). »;

« 5. Au cours de mon mandat de codirecteur des études supérieures en droit, j'ai été appelé à suggérer au doyen de la FÉSP des noms de personnes aptes à constituer un jury pour évaluer la thèse du demandeur, thèse qui portait sur la Banque africaine de développement. »;

« 6. Conformément aux règlements de la FÉSP, au moins un des membres du jury devait être un examinateur externe, c'est-à-dire une personne qui n'était pas membre de la FÉSP mais qui possédait, de l'avis du doyen de la FÉSP, une expérience et une expertise suffisante pour évaluer une thèse de doctorat dans le domaine d'études du candidat. »;

« 7. Je suis entré en communication avec plusieurs professeurs et avec plusieurs spécialistes du droit international du développement pour déterminer s'ils accepteraient de faire partie d'un jury pour évaluer la thèse du demandeur. »;

« 8. Le nombre de candidats au jury membres de la FÉSP s'est avéré très restreint, en raison du caractère très spécialisé du domaine d'études du demandeur, du petit nombre d'experts francophones à l'université dans ce domaine et de la notoriété du différend qui avait opposé le demandeur et sa première directrice de thèse. »

Ces raisons veulent dire ce qu'elles veulent dire : - « caractère très spécialisé du domaine d'études » et donc aussi du sujet de thèse; - « petit nombre d'experts » pour évaluer la thèse avec compétence; - « la notoriété du différend » précédent avec mon ancienne directrice de thèse.

Pour quelle(s) raison(s) l'"ancienne directrice de thèse concernée et mise en cause dans cette affaire mettait-elle ses collègues professeurs au courant du conflit antérieur qu'elle avait eu avec moi (sur le cadre et l'objet de mon sujet de thèse enregistré) et qui avait pourtant été réglé pleinement en ma faveur par la Faculté de droit? Pourquoi avait-elle mis notamment ce directeur du Programme au courant tel que celui-ci en témoigne? Quelles étaient ses motivations et ses intentions inavouées?

Les lignes qui suivent vous permettront de tirer vos propres conclusions et de répondre à ces questions fondamentales dans cette affaire.

Au regard de toutes ces difficultés relevées par le directeur du Programme concerné, l'autre question fondamentale devenait dès lors de vérifier comment chacun des quatre examinateurs A, B, C et D (qui avaient été nommés dans un tel contexte par le doyen de la FÉSP) avait procédé, fait, pu faire ou dû faire pour évaluer de manière requise la thèse juridique concernée.

Les deux autres examinateurs A et D : respect de l'entente et des règlements

Les deux examinateurs A et D ont quant à eux accepté respectivement la thèse en vue de sa soutenance, avec le verdict 1 (la thèse est acceptée pour sa soutenance). Pour ce faire, l'un et l'autre l'ont respectivement évaluée dans le strict respect du sujet juridique traité ainsi que dans le strict respect des critères et des règlements de l'uOttawa applicables aux thèses du programme de doctorat en droit de l'uOttawa.

Ils étaient tous tenus de respecter le cadre juridique et l'objet juridique limités dudit sujet de thèse, ainsi que de respecter lesdits critères et règlements applicables.

Notamment, l'examinateur A (économiste, expert des IFI et des banques multilatérales de développement –BMD-), tel que vous le verrez ci-après, l'a rappelé, en disant qu'on ne peut chercher des réponses au-delà du sujet principal de la thèse juridique concernée, mais que l'on doit s'en tenir au sujet traité.

À cet effet, dans son rapport d'évaluation, cet expert des IFI et des BMD comme la BAD commence sa conclusion en faisant un reproche à « bon nombre d'observateurs étrangers » qui ne connaissent pas la BAD en tant qu'institution : « Bon nombre d'observateurs étrangers se complaisent à fustiger la Banque africaine de développement, bien souvent à tort et à travers. ».

Ensuite, contredisant les deux examinateurs juristes B et C, il conclut en disant qu'on ne peut exiger de cette thèse juridique des « démonstrations économiques » de la « portée économique et sociale de la BAD», car « il ne s'agissait pas d'une thèse en économie du développement. ».

Il a ensuite ajouté ceci : «On ne saurait en faire reproche à l'auteur car c'est le lecteur qui, entraîné par la lecture, cherche au-delà du sujet principal ».

Ci-après, l'intégralité de ce qu'il avait écrit à cet effet dans son rapport d'évaluation acceptant ma thèse pour sa soutenance :

« Bon nombre d'observateurs étrangers se complaisent à fustiger la Banque africaine de développement, bien souvent à tort et à travers. L'auteur replace bien le débat dans le contexte économique et institutionnel difficile de l'Afrique et fait le tour de la question institutionnelle. L'ouverture qu'il dégage vers les activités de développement nous invite à réfléchir à la portée économique et sociale de la BAD et notre curiosité reste sur son appétit car les démonstrations économiques sont esquissées. Il m'a fallu à plusieurs reprises me rappeler qu'il ne s'agissait pas d'une thèse en économie du développement. On ne saurait en faire reproche à l'auteur car c'est le lecteur qui, entraîné par la lecture, cherche au-delà du sujet principal. »

Examinateurs B et C: mépris de l'entente et des règlements, complot malveillant

Les deux des quatre membres juristes B et C du jury se sont opposés à la soutenance de la thèse en lui attribuant le verdict 3.

Ils ont pour ce faire, au cours de leur évaluation, refusé de respecter le cadre juridique et l'objet juridique limités de la thèse, ainsi que les critères et règlements applicables.

Au lieu de les respecter, ils sont respectivement revenus sur les conclusions et les exigences de nature économique de l'ancienne directrice de thèse et les ont imposées comme sujet de révision complète de la thèse avant toute soutenance.

Examinateur B

L'examinateur B a par ailleurs tranché déjà d'avance :

« même des révisions importantes ne rendraient pas la thèse acceptable ».

En résumé, il s'est tout simplement acharné sur ma thèse, au mépris délibéré du sujet juridique spécifique convenu et traité, et en violation abusive des règlements de l'uOttawa applicables aux thèses de son programme de doctorat de la Faculté de droit.

Cet examinateur s'est, de cette manière arbitraire, permis de revenir sur les mêmes exigences économiques que mon ancienne directrice de thèse.

À cet effet, la « raison fondamentale » qu'il a avancée dans son rapport d'évaluation pour justifier sa décision est la suivante :

« D'entrée de jeu, l'auteur précise bien qu'il n'entend pas dans cette étude analyser les projets financés par la BAD pour démontrer qu'elle contribue au développement des pays africains. Sur ce point, cette thèse tient promesse ».

Ensuite, lors d'une rencontre d'éclaircissement en présence de mon directeur de thèse et doyen de la Faculté de droit le 17 octobre 2001, l'Examinateur B avait réitéré sa « raison fondamentale » susmentionnée et avait conséquemment insisté davantage sur ses exigences de révision de la thèse dans le sens d'une étude d'analyse (économique) des projets visant à démontrer la contribution économique et sociale réelle de la BAD au développement des pays africains.

Il avait ensuite surenchéri en me reprochant « d'éviter le débat » et de me «réfugier derrière le cadre limité de ma thèse chaque fois qu'une question abordée dans celle-ci suscitait une réflexion intéressante ».

Qui plus est, il ne s'était pas limité là! Je lui avais en effet demandé alors de me préciser d'autres cas où j'aurais évité le débat en me réfugiant derrière le cadre limité du sujet de ma thèse. Et il avait répondu en insistant sur les questions suivantes, certaines terre-à-terre, d'autres complètement hors sujet, en disant qu'elles étaient fondamentales à ses yeux et que je devais impérativement les traiter dans la thèse à réviser (et refaire) conséquemment au complet sur ces nouveaux sujets et questions:

- Le choix du siège de la BAD : pourquoi le siège de la BAD est à Abidjan et non pas dans une autre ville africaine?

- Les langues officielles de la BAD. En quoi l'authenticité bilingue du texte des statuts de la BAD est préférable à celle unilingue applicable à la BIRD?

- Les rapports de force entre le Président de la BAD et le Conseil d'administration;

- La question de l'effectivité du droit international et du droit international du partenariat pour le développement.

- La question de la contribution économique et sociale effective ou de l'effectivité de l'impact économique et social réel de l'action de la BAD sur le développement des pays africains et de l'Afrique.

En dépit de mes explications pour le persuader à considérer, à respecter et à s'en tenir à l'objet et au cadre juridique limité de ma thèse ainsi qu'aux critères d'évaluation qui s'y appliquent en vertu des règlements pertinents du programme de doctorat en droit concerné, il avait persisté dans ses exigences.

Il avait de toute manière réitéré aussi sa conclusion finale et définitive concernant ma thèse évaluée et celle qu'il me demandait de réviser : « Même des révisions importantes ne rendraient pas votre thèse acceptable ».

Il avait dit, exigé et répété tout cela en présence de mon directeur de thèse et doyen de la Faculté de droit.

Examinateur C

L'autre, l'Examinateur C, avait lui aussi ignoré et méprisé le sujet de thèse traité ainsi que les critères et règlements de l'uOttawa y applicables.

Notamment, il avait conclu dans son rapport d'évaluation en disant que le sujet traité dans la thèse ainsi que les questions posées et abordées « n'étaient pas suffisamment d'intérêt pour mériter un examen approfondi ».

Tout en reconnaissant la qualité de la thèse et des contributions de la thèse comme notamment « outil référence pour d'autres chercheurs », il avait conclu en disant que la thèse ne contribue pas à l'avancement des connaissances en droit.

Il a ainsi de la même manière attribué à la thèse le verdict 3 (« Thèse complètement inacceptable et non révisable –même des révisions importances ne la rendraient pas acceptable- »).

Ci-après les extraits de son rapport d'évaluation :

« Il est certain que l'auteur connaît et comprend le fonctionnement d'une institution telle que la BAD. »;

« Il est indéniable que l'auteur a consulté de nombreuses sources, notamment celles de la BAD, pour tracer un portrait détaillé de sa structure. »;

« On peut donc dire qu'à ce niveau son effort de recherche est considérable et qu'il en résulte une description détaillée de la BAD. »;

« ... L'approche minutieuse de recherche de l'auteur. ... La présentation matérielle de la thèse de même que la qualité de la rédaction est tout à fait acceptable. »;

« Dans certaines sections, l'auteur réussit à faire ressortir les spécificités de certaines dispositions ... du droit international régissant la BAD. »;

« En définitive l'étude est utile à titre de document décrivant la structure de la BAD et évoquant les changements récents au sein de cette institution. »;

« Elle peut, pour ces fins, constituer un outil de référence pour d'autres chercheurs. »;

« Malheureusement, l'essentiel de la thèse constituant un effort de description, on ne peut conclure qu'elle contribue à l'avancement des connaissances. L'auteur, en partant des connaissances détaillées qu'il a accumulées sur la BAD, doit maintenant extraire de cette somme de travail des questions suffisamment d'intérêt pour mériter un examen approfondi. Il s'agit de revoir des pans entiers de la thèse et non de simples révisions. ».

En d'autres termes, lorsqu'un sujet ne lui plaît pas pour une raison ou une autre, un examinateur d'un jury de thèse peut refuser d'évaluer une thèse sur un tel sujet qui a été préalablement approuvé et enregistré par une université et qui a conséquemment été traitée conformément aux règlements y applicables?

Un examinateur de thèse n'est-il pas tenu de le respecter?

L'Examinateur C avouait par ce fait là qu'il n'avait pas évalué ma thèse de manière approfondie car le sujet y traité n'était pas suffisamment d'intérêt pour lui.

N'était-il pas plutôt tenu, lui et l'examinateur B, de respecter eux aussi (comme les examinateurs A et D) les termes de référence et les limites de mon sujet de thèse juridique tels que convenus contractuellement entre l'uOttawa et moi et tels que traités conséquemment dans ma thèse qu'ils ont évaluée?

Allez-y comprendre quelque chose!

Ensuite, lors d'une rencontre d'éclaircissement en présence de mon directeur de thèse et doyen de la Faculté de droit, le 24 octobre 2001, l'examinateur C m'avait d'entrée de jeu demandé de lui faire un résumé de ma thèse, du sujet traité et de l'objet démontré.

Suite à ce résumé, il avait dit et ainsi avoué qu'il n'avait pas bien compris le sujet et l'objet de ma thèse : « Je n'avais pas bien compris le sujet et l'objet de votre thèse. »

Alors qu'il s'est ainsi retrouvé à court d'arguments suite audit résumé ainsi qu'à mes autres éclaircissements et réponses à ses questions additionnelles, il avait subitement mis fin à la discussion en disant que dans tous les cas le sujet traité n'était pas suffisant et que je devais réviser et refaire ma thèse au complet. Il avait ainsi subitement dit que je devais démontrer la contribution économique et sociale réelle de la BAD au développement de l'Afrique et que je devais à cet effet faire une étude d'analyse des projets financés par la BAD dans les pays africains.

Il m'avait ensuite dicté le plan suivant, pour ladite révision complète de ma thèse juridique concernée :

« Vous devez considérer tout ce qui a été fait dans votre thèse (juridique) de 407 pages comme étant sa première partie et la ramener à 200 pages. »;

« Vous devez ensuite élaborer la deuxième partie de votre thèse. »;

« Dans un premier chapitre, il sera question d'analyser les projets financés par la BAD pour démontrer sa contribution économique et sociale réelle et son impact sur le développement des pays africains. »;

« Et dans un deuxième chapitre, il sera question de démontrer que la BAD est réellement une banque africaine ».

En d'autres termes, l'examinateur C m'imposait de refaire ma thèse dans deux ou trois domaines d'études différents et sur trois sujets différents : - ma propre thèse sur son sujet juridique spécifique convenu avec l'uOttawa, enregistré par l'uOttawa, traité, mais dont il refusait de respecter les termes, l'objet et les limites; - la thèse différente de la mienne, portant sur une étude d'analyse économique des projets de développement et ayant pour objet de démontrer la contribution économique et sociale réelle de la BAD au développement des pays africains; - la thèse différente de la mienne, visant à démonter que la BAD est une banque africaine.

Il avait dit et exigé tout cela en présence de mon directeur de thèse et doyen de la Faculté de droit.

Êtes-vous étonné?

Vous étonnez-vous des rapports et des exigences des examinateurs B et C? Si tel est le cas, et bien, vous n'êtes pas les seuls. Même le directeur du Programme de doctorat en droit ainsi que le doyen de la FÉSP de l'uOttawa avaient dès le départ trouvé que « les rapports d'évaluation des examinateurs B et C comportaient des éléments étonnants ».

Mon directeur de thèse et doyen de la Faculté de droit s'en était aussi étonné au début et me l'avait dit.

Le directeur du Programme en témoigne comme suit dans son affidavit (aux paragraphes 52 à 56) :

« 52. Le processus d'évaluation des thèses garantit, sous la supervision de la FÉSP, l'indépendance des examinateurs dans l'appréciation de la thèse qui leur est soumise. La FÉSP exige toutefois des examinateurs d'indiquer clairement les facteurs qui sous-tendent leurs décisions et verdicts respectifs. En tant que codirecteur des études supérieures en droit, je n'ai aucune part à cette évaluation et, a fortiori, je n'ai pas le pouvoir de substituer mon jugement à celui des examinateurs. »;

« 53. Je peux cependant témoigner du fait que je suis demeuré un peu surpris du caractère acerbe et tatillon de nombreuses critiques de l'examinateur B, ainsi que du caractère outrancier de sa conclusion selon laquelle même des révisions importantes ne rendraient pas la thèse acceptable. J'en ai discuté avec monsieur Zabo qui m'avait contacté juste après la réception et la lecture de la lettre du doyen de la FÉSP du 13 août 2001 et des rapports de ses examinateurs de thèse, et qui se plaignait justement de l'évaluation de cet examinateur en disant que ce dernier s'était tout simplement acharné sur sa thèse. »;

« 54. De même, en ce qui concerne le rapport de l'examinateur C, je peux témoigner que je n'ai pas très bien compris comment une thèse, qui, malgré les défauts qu'il était en droit de lui trouver, était présentée par lui en conclusion, pour certaines fins, comme un outil de référence pour d'autres chercheurs, méritait un verdict 3 (thèse totalement inacceptable), et non, au pire, un verdict 2 (la thèse doit subir des révisions importantes). J'en ai aussi discuté avec monsieur Zabo à l'occasion de l'entretien indiqué au paragraphe précédent et j'ai convenu avec lui du caractère plutôt contradictoire des commentaires et des conclusions de cet examinateur.»;

« 55. J'ai ensuite fait part de mes réactions de surprise au doyen de la FÉSP en septembre 2001, dans une conversation téléphonique au cours de laquelle il a convenu avec moi que les rapports des examinateurs B et C comportaient des éléments étonnants, notamment celui de l'examinateur C, qui aurait dû, au pire des cas, rendre un verdict 2, plutôt que 3. »;

« 56. Au cours de cette conversation, le doyen de la FÉSP a aussi suggéré que des rencontres aient lieu entre le candidat et les examinateurs B et C, en présence du directeur de thèse, puisque ce genre de rencontre donnait parfois des résultats. ».

Plan imposé par l'examinateur C : étude économique

Les rencontres dont le directeur du Programme parlait, ce sont les rencontres d'éclaircissement dont j'ai parlées ci-dessus.

Les deux examinateurs B et C mis en cause n'avaient donc pas bougé de leur position.

Au contraire, l'examinateur C avait soudainement exigé lui aussi l'étude d'analyse socio-économique des projets visant à démontrer la contribution économique et sociale réelle de la BAD au développement de l'Afrique et avait été encore plus loin en imposant son propre plan pour refaire la thèse complètement en ce sens-là.

Il imposait en même temps de démontrer par ailleurs aussi que la BAD était une banque africaine :

« Vous devez considérer tout ce qui a été fait dans votre thèse (juridique) de 407 pages comme étant sa première partie et la ramener à 200 pages. Vous devez ensuite élaborer la deuxième partie de votre thèse. Dans un premier chapitre, il sera question d'analyser les projets financés par la BAD pour démontrer sa contribution économique et sociale réelle et son impact sur le développement des pays africains. Et dans un deuxième chapitre, il sera question de démontrer que la BAD est réellement une banque africaine ».

Alors que dans son rapport d'évaluation l'examinateur C n'avait rien dit à propos de tout ça!

D'où venait-il subitement avec ces exigences d'une thèse sur des analyses et des démonstrations socio-économiques dont j'ai clairement indiqué dans l'introduction de ma thèse qu'elles n'en faisaient pas partie et qu'elles dépassaient largement le cadre du sujet juridique traité dans ma thèse?

Finalement c'était donc cela les « questions suffisamment d'intérêt » dont il parlait dans son rapport d'évaluation?

J'avais alors compris pourquoi il s'était limité à dire et conclure dans son rapport d'évaluation que ma thèse ne posait pas suffisamment des questions d'intérêt pour mériter un examen approfondi.

Il était lui aussi dans le coup, tout comme l'examinateur B, dans le cadre d'un complot malveillant orchestré par mon ancienne directrice de thèse en vue de me contraindre inéluctablement à l'échec (par eux) ou à l'abandon (par moi-même) de ma thèse et des mes études de doctorat en droit à l'uOttawa. J'avais trouvé tout cela scandaleux et très répugnant!

J'avais alors commencé à le dénoncer plus ouvertement et à demander que justice soit faite.

Comptes-rendus des rencontres d'éclaircissement

À l'issue de ces rencontres, j'avais aussitôt fait comptes rendus au doyen de la FÉSP et président du Comité exécutif de la FÉSP, par lettres successives du 31 octobre 2001 et du 16 novembre 2001. J'avais mis en copie le directeur du Programme ainsi que mon directeur de thèse et doyen de la Faculté de droit.

Le directeur du Programme témoigne de ces événements, aux paragraphes 58 à 64 de son affidavit :

« 58. Les 17 et 24 octobre 2001, à la suggestion du doyen de la FÉSP, des rencontres ont donc eu lieu entre le candidat et les examinateurs B et C successivement, en présence du directeur de thèse. Monsieur Zabo m'a fait parvenir copie des comptes rendus de ces rencontres, tels qu'établis par lettre du 29 octobre 2001 adressée à son directeur de thèse et par lettre du 31 octobre 2001 adressée au doyen de la FÉSP. J'ai lu ces comptes-rendus dès leur réception, j'en ai discuté à quelques reprises avec monsieur Zabo, et je crois et affirme que les informations données sont vraies. »;

« 59. En somme, selon les dires et les écrits de monsieur Zabo, l'examinateur B n'était pas revenu sur sa conclusion selon laquelle : "Même des révisions importantes ne rendraient pas la thèse acceptable". Cet examinateur n'avait pas bougé de sa position à l'issue de la rencontre du 17 octobre 2001. Il avait persisté à exiger de monsieur Zabo de réviser sa thèse dans le sens d'une analyse des projets financés par la BAD en vue de démontrer la contribution réelle de cette institution au développement des pays africains. Il avait par ailleurs persisté à exiger de lui de démontrer non plus seulement l'effectivité du droit international institutionnalisé de la seule BAD, mais l'effectivité du droit international général, notamment l'effectivité du droit international économique, du développement, et du partenariat pour le développement. »;

« 60. Monsieur Zabo a refusé de faire ces révisions estimant qu'il était plutôt du devoir de l'examinateur B de respecter l'objet et le cadre du sujet de sa thèse, et qu'il était de la responsabilité de l'Université d'Ottawa d'assurer le respect de ce devoir et d'assurer que tous les examinateurs évaluent sa thèse de manière juste. Monsieur Zabo demandera alors à la FÉSP la récusation et le remplacement de l'examinateur B et la révision de son évaluation de thèse. »;

« 61. Selon les dires et les écrits de monsieur Zabo, l'examinateur C avait quant à lui dit d'abord qu'il n'avait pas compris l'objet de la thèse et qu'il avait par la suite conclu, à la lumière des explications données par monsieur Zabo, que le travail effectué dans la thèse était de toute manière insuffisant. L'examinateur C avait à cet égard reproché à monsieur Zabo de ne pas avoir démontré la contribution réelle de la Banque africaine de développement (BAD) au développement économique et social des pays africains, ni démontré l'effectivité du droit international général, notamment l'effectivité du droit international économique, du développement, de l'environnement et de la personne. »;

« 62. L'examinateur C avait alors proposé et demandé à monsieur Zabo de réviser sa thèse selon le plan suivant : ramener sa thèse de 407 pages à environ 200 pages et considérer cela comme en étant la première partie; ensuite en élaborer une deuxième où serait effectuée l'analyse des projets financés par la BAD pour démontrer sa contribution réelle au développement économique et social des pays africains (chapitre 1) et par ailleurs qu'elle est réellement une banque africaine (chapitre 2). »;

« 63. Monsieur Zabo a aussi refusé de faire ces révisions et a estimé qu'il était également du devoir de l'examinateur C de respecter l'objet et le cadre de son sujet de thèse, et qu'il était également de la responsabilité de l'Université d'Ottawa d'assurer le respect de ce devoir et d'assurer que tous les examinateurs évaluent sa thèse de manière juste. Contestant vigoureusement l'évaluation et les exigences de révisions de l'examinateur C, il demandera alors à la FÉSP l'invalidation de cette évaluation et sa révision. »;

« 64. Des conversations que j'ai eues avec son directeur de thèse, le doyen de la Faculté de droit, peu après ces rencontres du 17 et 24 octobre 2001, ont confirmé les comptes rendus que m'en avait faits monsieur Zabo. »

Volte-face et menaces de représailles du directeur de thèse

Chose très inusitée et très curieuse dans les annales des relations professionnelles entre un directeur de thèse et son étudiant, mon directeur de thèse avait commencé à se montrer complaisant par rapport à ses deux collègues examinateurs juristes B et C dès le début.

Dès ou depuis la réception de la lettre du doyen de la FÉSP en août 2001 contenant les verdicts et les rapports des examinateurs de mon jury de thèse, c'est vraiment du bout des lèvres que mon directeur de thèse et doyen de la Faculté de droit se prononçait pour critiquer de quelque manière que ce soit leurs rapports d'évaluation, leurs conclusions, leurs exigences de révision et leurs verdicts (verdict 3) respectifs.

Alors que, de son côté, le directeur du Programme n'avait pas mâché ses mots du début à la fin. En effet, ce dernier s'en était quant à lui allé en guerre ouverte contre tout cela et contre les deux examinateurs B et C, dès le début. Et ce jusqu'à la fin.

Je trouvais cela très bizarre et très étonnant de la part d'un directeur de thèse qui était en plus le doyen de la Faculté de droit concerné par un tel conflit sur le sujet et l'objet d'une thèse de droit.

Cela s'est ensuite confirmé à l'occasion des rencontres d'éclaircissement concernées. Cela s'est poursuivi et s'est reconfirmé jusqu'à la fin, tel que vous le verrez ultérieurement.

À l'occasion de ces rencontres d'éclaircissement respectives avec l'examinateur B et puis avec l'examinateur C, mon directeur de thèse et doyen de la Faculté de droit prenait systématiquement position pour appuyer les conclusions et les exigences de révision de nature économique de ces collègues examinateurs B et C.

Il me demandait de manière insistante de les faire, et de refaire ma thèse conséquemment.

Il justifiait cela en me disant que je devais de cette manière viser à satisfaire l'un et l'autre de ces deux examinateurs B et C pour espérer voir au moins l'un d'entre eux approuver ultérieurement la version révisée de la thèse en vue de sa soutenance.

Cela me dépassait d'entendre cela de mon propre directeur de thèse, qui en plus était le doyen de la Faculté de droit concernée!

À l'issue plus particulièrement de la deuxième rencontre, celle avec l'examinateur C, il m'avait vigoureusement menacé de représailles suite à mon refus d'accepter ce que ce dernier avait proposé : le curieux plan de révision de l'examinateur C susmentionné.

Plus spécifiquement, il avait menacé de se retirer comme directeur de thèse si par ailleurs je persistais également à alléguer qu'il y avait eu collusion et complot malveillant entre ces deux examinateurs (B et C) et mon ancienne directrice de thèse pour me contraindre inéluctablement à l'échec et/ou à l'abandon.

J'avais résisté à ses menaces et intimidations. Je lui avais, à l'inverse, opposé mon sujet de thèse enregistré par l'uOttawa ainsi que les critères et les règlements applicables aux thèses de doctorat de la Faculté de droit dont il était le doyen.

Gêné, il m'avait dit et ainsi avoué qu'il était dans une situation inconfortable et qu'il devait préserver ses relations avec ses collègues. Ce que j'avais trouvé complètement dérogatoire, peu professionnel et indigne de sa part.

Je lui avais alors par la suite adressé une lettre une semaine après en me fondant par ailleurs également sur un document de la FÉSP de l'uOttawa intitulé *Recherche et thèse*.

Ce document décrit sommairement les responsabilités respectives d'un directeur de thèse, de son étudiant, du directeur du programme d'études concerné, de la faculté ou unité scolaire concernée, de la FÉSP, et de l'université.

Ce document précise également les attentes pour chacune des parties. Il stipule aussi également que tous « doivent toujours agir dans le respect des règlements de l'Université ».

On retrouve cette même stipulation dans le règlement 110 (sur le traitement des étudiants gradués) dont je parle plus loin.

Je lui avais conséquemment demandé son soutien objectif et une prise de position scientifiquement objective eu égard à ses responsabilités et obligations en tant que directeur de thèse et en tant que doyen de la Faculté de droit concernée par ce conflit.

En réponse, il m'avait téléphoné et laissé un message téléphonique en disant qu'il avait passé l'éponge sur ce qui s'était passé. Il avait ajouté qu'il avait désormais les yeux tournés résolument vers l'avenir. Ce faisant, il m'avait en même temps mis en garde et averti de ne plus revenir sur mes « suppositions et allégations de collusion » entre les ses collègues les examinateurs B et C et mon ancienne directrice de la thèse. « Il ne faudra pas y revenir », avait-il conclu.

Au moins il ne s'était pas retiré comme directeur de thèse! J'étais déjà à mon deuxième directeur de thèse. Je m'inquiétais en ce moment-là en me demandant ce qui se passerait s'il se retirait suite à tout cela.

Au demeurant, la relation de confiance "directeur de thèse – étudiant doctorant" avait été très affectée. Et même, de manière irrémédiable. J'avais en effet perdu toute confiance en lieu. J'avais aussi perdu tout respect pour lui et vis-à-vis de lui.

J'avais commencé à le trouver répugnant. Plus répugnant même que ceux que j'accusais légitimement de complot : les examinateurs B et C et mon ancienne directrice de la thèse.

Je ne comptais plus que sur le directeur du Programme. C'était dommage, me disais-je, que ce ne soit pas ce dernier qui ait été mon directeur de thèse. Si tel avait été le cas, je ne serais pas là aujourd'hui à écrire ce livre.

Qu'à cela ne tienne, je devais faire encore avec ce monsieur-là, ce directeur de thèse et doyen de la Faculté de droit là.

En sa présence, les examinateurs B et C avaient exigé et imposé des révisions consistant à l'élaboration d'une nouvelle thèse de doctorat de nature économique, au mépris manifeste des critères et des règlements du programme de doctorat de la Faculté de droit ainsi qu'au mépris manifeste du sujet de la thèse juridique qu'il avait dirigée comme directeur de thèse, et il s'était rangé de leur côté pour les appuyer contre moi!

Comment ne pas trouver une telle personne répugnante?

Malheureusement, je devais encore faire avec lui. Je n'avais pas le choix. Je ne pouvais nullement envisager un autre changement de directeur de thèse à un tel stade de ma thèse.

Que faire alors?

J'avais tout simplement commencé dans un tel contexte mon processus de recours formel à la FÉSP, contre : - les examinateurs B et C; - leurs verdicts excessifs; - l'évaluation de ma thèse faite par l'un et l'autre en violation délibérée du sujet juridique traité et des critères et règlements y applicables; - les exigences de révision d'une nouvelle thèse de doctorat de nature économique qu'imposaient l'un et l'autre en violation délibérée du sujet juridique traité et des critères et règlements applicables aux thèses du programme de doctorat en droit de l'uOttawa.

CHAPITRE 8

La barbarie passe à l'étape finale : une justice corrompue et une culture de discrimination systémique à l'uOttawa?

Recours auprès du Comité exécutif de la FÉSP

Concernant le processus d'évaluation d'une thèse à l'uOttawa, le règlement 10.2.2. (sur le processus d'évaluation des thèses) prévoit notamment ceci : « ..., les examinateurs doivent évaluer la thèse de manière indépendante et, au cours du processus d'évaluation, ne doivent pas communiquer avec les autres examinateurs, le(s) directeur(s) de thèse ou l'étudiant en ce qui a trait à l'évaluation de la thèse, avant d'avoir soumis leur rapport au bureau responsable d'organiser l'évaluation et la soutenance. »

Ce règlement investit le doyen de la FÉSP du pouvoir de remplacer un ou plusieurs examinateurs du jury en cas de violation de ce qu'il désigne sous les termes « bris d'intégrité » :

« Le doyen de la FÉSP pourrait remplacer un ou plusieurs examinateurs s'il juge qu'il s'est produit un bris d'intégrité au cours du processus d'évaluation. »

Bien évidemment ces termes ne sont pas limitatifs. Ils incluent bien naturellement les cas notamment de violation des règlements de l'uOttawa. Ce d'autant plus que les règlements requièrent impérativement de tous les membres de la communauté universitaire d'agir dans le respect des règlements.

Notamment, le règlement 110 (portant sur le traitement des étudiants diplômés, divers aspects de l'expérience universitaire des étudiants diplômés à l'Université d'Ottawa), qui stipule :

« Professeurs et étudiants doivent toujours agir dans le respect des règlements de l'Université d'Ottawa. »

En somme, en vertu des règlements de l'uOttawa, un recours des verdicts, des rapports d'évaluation ou des exigences de révision d'un des examinateurs du jury de thèse peut être fait au Comité exécutif de la FÉSP si l'étudiant croit notamment que « les procédures appropriées n'ont pas été suivies. »

Plus spécifiquement, le Règlement 10.3 régissant la révision des notes, les recours et les appels conséquents à l'uOttawa, énonce :

« Aux études supérieures, un appel de la décision du jury peut cependant être fait au Comité exécutif de la Faculté des études supérieures et postdoctorales (FÉSP) si l'étudiant croit que les procédures appropriées n'ont pas été suivies. L'étudiant insatisfait du résultat de ces démarches pourra, s'il croit que les procédures appropriées n'ont pas été suivies, faire appel au Comité d'appel du Sénat. »

D'autres raisons peuvent également justifier un tel recours en vertu des règlements de l'uOttawa, notamment si l'étudiant estime que sa thèse n'a pas été évaluée de façon injuste ou impartiale par un ou des examinateurs. Il en est de même notamment dans le cas où l'étudiant estimerait que sa thèse a été l'objet de demandes excessives sans mérite pédagogique de la part d'un ou des examinateurs, en violation notamment de son sujet de thèse, des critères y applicables, des règlements applicables au domaine ou encore au programme d'études concerné. Tout comme aussi dans le cas où un étudiant serait l'objet de discrimination, d'harcèlement et intimidation, ou encore d'inconduite scolaire ou scientifique entre collègues professeurs consistant notamment en un complot malveillant.

À cet égard, il convient de mentionner plus spécifiquement le Règlement 110 de l'uOttawa sur le traitement des étudiants diplômés, divers aspects de l'expérience universitaire des étudiants diplômés à l'Université d'Ottawa, notamment en matière de discrimination, d'harcèlement et d'intimidation, de traitement juste et équitable, et en matière d'inconduite et fraude professionnelle.

Ce règlement énonce notamment ceci dans son préambule :

« ... 1. a) L'Université constate que les étudiants diplômés lui apportent beaucoup et elle s'engage à les protéger contre les abus dans tous les aspects des rapports qu'ils entretiennent avec l'Université. Ces étudiants étudient avant tout pour parfaire leurs connaissances mais, du même coup, beaucoup d'entre eux enrichissent la vie scientifique de l'Université en répondant simplement aux exigences de leur programme d'études. »

En ce qui a trait à la discrimination, il énonce ceci en son paragraphe 4 :

« Aucun membre de la communauté universitaire ne sera l'objet de discrimination en raison de son âge, de sa race, de ses croyances, de sa couleur, de son origine nationale ou ethnique, de sa citoyenneté, de son sexe, de son orientation sexuelle, d'une incapacité, de son état civil, parental ou familial, de ses croyances ou de ses affiliations politiques, religieuses ou universitaires, de son adhésion ou de sa non-adhésion à une association étudiante, ou de l'exercice de ses droits aux termes du présent règlement. ... ».

Par ailleurs, en ce qui concerne l'harcèlement et l'intimidation, il énonce en son paragraphe 5 :

« Aucun membre de la communauté universitaire ne sera l'objet de harcèlement ni d'intimidation. ».

Ce faisant il précise notamment le sens de l'harcèlement non sexuel en son alinéa 5b) :

« Le harcèlement signifie la tenue de propos ou une façon d'agir qui est soit délibérée soit accidentelle, qui prive une personne de sa dignité ou du respect, qui est offensante, intimidante, embarrassante ou humiliante, vexatoire ou vindicative, ou qui nuit au climat d'études, et que l'on sait ou que l'on devrait savoir qu'elle n'est pas souhaitée. »;

« Le harcèlement ou le comportement intimidant peut se présenter sous différentes formes, notamment, mais non de façon limitative : intimidation/harcèlement verbal ou par écrit (par exemple, crier, jurer, rabaisser, faire des commentaires dégradants); intimidation/harcèlement physique (y compris tout comportement violent ou menaçant); représailles ou menace de représailles. »

De la même manière, au paragraphe 6, il précise ce qui suit en ce qui concerne le traitement juste et équitable :

« Les étudiants diplômés ont le droit d'être traités selon les normes reconnues d'équité et de déontologie. Les situations suivantes s'appliquent en particulier : a) Les évaluations scolaires se font de façon juste, impartiale et en temps opportun. Tout appel interjeté à propos d'une évaluation doit se faire par écrit conformément à la procédure d'appel de la FÉSP. Aucun étudiant diplômé ne doit subir de déséquilibre dans sa situation scolaire (supervision inadéquate ou demandes excessives sans mérite pédagogique, par exemple); b) Les rapports entre un directeur de thèse et un étudiant sont uniques et varient selon les personnes et la discipline en question. Le document de la FÉSP intitulé "Recherche et thèse" décrit sommairement les responsabilités habituelles et les attentes pour chacune des parties. Professeurs et étudiants doivent toujours agir dans le respect des règlements de l'Université; ... ».

Enfin, en rapport avec l'inconduite et la fraude, il épingle et proscrit notamment la complicité avec des collègues au sein de la communauté universitaire « pour commettre une inconduite ou une fraude scolaire ou scientifique». Il énonce en gros ceci, au paragraphe 7 :

« L'Université ne tolère aucune forme d'inconduite ou de fraude, qu'elle soit de nature scolaire ou scientifique, de la part des membres de la communauté universitaire. Cela comprend entre autres les situations suivantes : (...); la complicité avec des collègues pour commettre une inconduite ou une fraude scolaire ou scientifique. ».

Un complot entre ancien directeur ou une ancienne de thèse et un ou des examinateurs d'un jury de thèse rentrerait notamment dans cette catégorie aussi.

Sur base donc de ces multiples motifs non exhaustifs, un étudiant s'estimant lésé peut donc faire recours au Comité exécutif de la FÉSP.

Selon la formule consacrée, le Règlement susmentionné, sur la révision de notes, énonce dans ce cas que la FÉSP « prendra l'action appropriée à la nature de la plainte afin d'assurer et de rendre apparent que justice est faite. ».

Le paragraphe 10 y afférant, du Règlement sur la révision de notes, est ainsi libellé :

« ... Un appel de la décision du jury peut être fait au Comité exécutif de la Faculté des études supérieures et postdoctorales. Ce dernier prendra l'action appropriée à la nature de la plainte afin d'assurer et de rendre apparent que justice est faite. L'étudiant insatisfait du résultat de ces démarches pourra, s'il croit que les procédures appropriées n'ont pas été suivies, faire appel au Comité d'appel du Sénat. »

En termes de mesures de redressement, un étudiant peut dès lors, et en toute légitimité, demander spécifiquement toute mesure spécifique qu'il jugerait pour sa part appropriée. Ce, sans préjudice de ses droits et des autres mesures compatibles que le Comité exécutif pourrait lui accorder dans le processus de sa prise d'une « décision appropriée à la nature de la plainte afin d'assurer et de rendre apparent que justice est faite. »

Parmi les mesures de redressement qu'un étudiant peut demander, citons notamment celles prévues aux termes du Règlement 11.1(a) de l'uOttawa, plus spécifiquement le droit de demander la réévaluation ou la révision de l'évaluation faite par un ou des examinateurs de sa thèse.

Ce droit s'accompagne aussi de celui de demander conséquemment que les verdicts (1, 2 ou 3) attribués par un ou des examinateurs concernés soient révisés aussi conséquemment.

Ce règlement énonce à cet effet que :

« L'Université reconnaît aux étudiants le droit de voir, sur demande et après notation, tous les documents ayant servi à leur évaluation ... . L'université leur reconnaît aussi le droit de demander une révision de note et de faire appel des notes qui leur ont été attribuées. »

Pour ce faire, l'étudiant concerné peut naturellement demander et obtenir la nomination d'un ou des examinateurs en remplacement d'un ou des examinateurs du jury mis en cause, conformément notamment à l'article 10.2.2 susmentionné.

Estimant que les procédures et plus spécifiquement les critères et les règlements spécifiques de l'uOttawa applicables aux thèses du Programme ainsi que les termes de référence définis dans le sujet/projet de thèse convenu et traité n'avaient pas été respectés par l'examinateur B ni par l'examinateur C dans leur évaluation respective de ma thèse, j'avais alors fait conséquemment recours au Comité exécutif de la FÉSP.

Je l'avais fait de manière plus formelle à l'issue des rencontres d'éclaircissement avec l'examinateur B et puis l'examinateur C discutées au chapitre précédent.

C'est la FÉSP qui est compétente pour coordonner et gérer tout processus d'évaluation d'une thèse par un jury à l'uOttawa, indistinctement des domaines d'études (Faculté de droit, etc.) respectifs des étudiants.

En effet, le Comité exécutif de la FÉSP entend tout recours relatif à l'évaluation d'une thèse, indistinctement du domaine d'études.

Il est présidé par le doyen de la FÉSP, à l'époque un professeur docteur en psychologie et spécialiste du sommeil.

Ce dernier était aussi en même temps le président de mon jury de thèse, conformément aux règlements de l'uOttawa.

Les décisions dudit comité sont entendues en appel par le Comité du Sénat pour l'étude des cas individuels, appelé aussi le Comité d'appel du Sénat.

J'avais donc ainsi fait un recours conséquent, par lettres envoyées au doyen de la FÉSP et président du Comité exécutif de la FÉSP.

Sur base de tout ce qui précède, je me plaignais contre les deux des quatre examinateurs B et C.

J'alléguais essentiellement qu'ils n'avaient pas évalué ma thèse dans le respect du sujet y traité conformément aux termes de référence convenus avec l'uOttawa, ni dans le respect des règlements et des critères d'évaluation des thèses du Programme.

La nature ou l'essence de ma plainte consistait donc à dire que l'un et l'autre n'avaient pas suivi ni respecté les procédures, les critères et les règlements prescrits en la matière, et qu'ils les avaient violés.

Je me plaignais aussi en disant également qu'ils l'avaient évaluée de manière excessive et délibérément injuste.

Je me plaignais par ailleurs en disant qu'ils avaient agi ainsi dans le but de me contraindre inéluctablement à l'échec ou à l'abandon avec leurs verdicts 3 respectifs et leurs exigences de révision économiques formulées en violation du sujet juridique spécifique traité et des règlements y applicables.

J'établissais un lien avec le conflit précédent et similaire, ou identique, avec l'ancienne directrice de thèse, et qui avait pourtant été déjà l'objet d'une décision en ma faveur.

Je demandais alors, sur base de tout ce qui procède et conformément à mes droits garantis par les règlements susmentionnés, la réévaluation ou la révision conséquente des évaluations faites par l'un et l'autre ainsi que leur remplacement à cet effet par deux nouveaux examinateurs à nommer au jury de ma thèse.

Concernant l'examinateur B de manière particulière, j'avais ajouté qu'il s'était tout simplement acharné sur ma thèse, du début à la fin, en refusant par ailleurs de respecter le sujet, le cadre et l'objet juridique limités de ma thèse qui portait sur l'analyse du droit international institutionnel de la BAD et non pas sur autre chose.

Je demandais ainsi donc son remplacement pur et simple, en remettant par ailleurs en question ses compétences et sa capacité à évaluer cette thèse.

En ce qui concerné l'examinateur C de manière particulière, je demandais avec insistance la révision de son évaluation et de son verdict (verdict 3) d'autant plus que le doyen de la FÉSP, le directeur du Programme, le directeur de thèse et doyen de la Faculté de droit les avaient tous aussi trouvés incohérents, contradictoires et étonnants. « Au pire des cas, il (*l'examinateur C*) aurait dû donner le verdict 2 ...», le doyen de la FÉSP et le directeur du Programme avaient convenu lors de leur discussion mentionnée précédemment.

Le but de mon recours était d'obtenir le rétablissement de la justice, plus spécifiquement la révision de l'évaluation des examinateurs B et C, dans le respect du sujet juridique spécifique de ma thèse et des règlements spécifiques de l'uOttawa y applicables, ainsi que la soutenance méritée de ma thèse.

C'est ce que je demandais et que j'attendais comme décision ultime dans le cadre du processus de recours que j'avais ainsi amorcé, en toute légitimité.

J'expliquais et argumentais notamment en disant que les questions soulevées par les examinateurs B et C ne pouvaient conduire à bloquer la soutenance de ma thèse. C'était pour la plupart des questions terre-à-terre et surtout des questions hors-sujet auxquelles je pouvais leur réserver les réponses appropriées au cours de la soutenance orale de la thèse pour simplement leur dire que ces questions ne méritaient pas de réponses car elles étaient hors-sujet, n'étaient pas traitées dans la thèse, étaient spécifiquement exclues du champ d'étude juridique limité de ma thèse.

Globalement, le directeur du Programme soutenait lui aussi ces arguments. Il me l'avait en effet dit et répété à au moins deux reprises. Malheureusement, il n'était pas le président du jury. Qui plus est, il n'était pas mon directeur de thèse pour s'en mêler davantage.

Par ailleurs, le doyen de la FÉSP et président du Comité exécutif de la FÉSP ne s'écoutait que lui-même ou simplement qui il voulait entendre, tels que les examinateurs B et C.

Pourtant, mon recours formel ainsi que toutes mes demandes de redressement mettaient ou auraient dû mettre le Comité exécutif de la FÉSP devant ses responsabilités en le contraignant, selon la formulée consacrée par le règlement susmentionné, à prendre « l'action appropriée à la nature de la plainte afin d'assurer et de rendre apparent que justice est faite ».

Encore fallait-il que son président et doyen de la FÉSP veuille prendre en considération « la nature de ma plainte » à cet effet, tel que requis en vertu du règlement pertinent, pour pouvoir permettre au Comité exécutif de la FÉSP de prendre « l'action appropriée à la nature de la plainte afin d'assurer et de rendre apparent que justice est faite ».

Or, ce n'était pas le cas! C'était loin d'être le cas! C'était ça le grand problème! Voyons ce qu'il avait fait, comment il avait procédé et décidé, et pourquoi.

Le doyen de la FÉSP : « Vous devez sortir du sujet de votre thèse, et ..., sinon... »

Suite à ce recours, le doyen de la FÉSP avait d'abord reçu en même temps mon directeur de thèse et doyen de la Faculté de droit ainsi que le directeur du Programme. Il voulait en savoir davantage du dossier, du conflit similaire antérieur avec mon ancienne directrice de thèse, du règlement du conflit antérieur. Il voulait aussi obtenir leur opinion sur le même conflit qui a ressurgi au niveau du jury avec les deux des quatre examinateurs B et C concernés. Il n'avait pas en fin de compte suivi leur opinion ni leurs recommandations pour régler le conflit.

Le doyen de la FÉSP avait ensuite reçu l'examinateur C, l'auteur du plan de révision "trois thèse en une" discuté antérieurement. Ils en avaient sans nul doute discuté. Je ne sais si le doyen de la FÉSP avait aussi communiqué ou discuté avec également l'examinateur B ou encore aussi avec l'ancienne directrice de thèse.

Suite à ces consultations, il m'avait reçu en dernier. Sa décision était déjà prise avant. La messe était dite. C'était le 27 novembre 2001.

J'avais pourtant grand espoir. D'autant plus que le directeur du Programme m'avait laissé un long message téléphonique m'indiquant que le doyen de la FÉSP aussi trouvait que « les rapports d'évaluation des examinateurs B et C comportaient des éléments étonnants, notamment celui de l'examinateur C, qui aurait dû, au pire des cas, rendre un verdict 2, plutôt que 3. »

D'autant plus que le directeur du Programme m'avait laissé un autre message téléphonique me faisant part de la rencontre et des discussions qu'il avec eues avec le doyen de la FÉSP et mon directeur de thèse et doyen de la Faculté de droit.

D'autant plus qu'il m'avait aussi annoncé, dans ce dernier message téléphonique, que le doyen de la FÉSP allait d'abord aussi rencontrer ou parler avec les deux examinateurs B et C concernés, aux fins de décision.

D'autant par ailleurs que conformément à sa lettre du 13 août 2001 m'annonçant les verdicts de mon jury de thèse, je lui avais fourni, dans mes lettres de recours, les raisons détaillées pour lesquelles j'avais « jugé bon de ne pas donner suite » aux exigences des examinateurs B et C concernant une étude d'analyse économique des projets ayant pour objet de démontrer la contribution économique et sociale réelle de la BAD au développement de l'Afrique.

J'avais donc grand espoir d'une décision favorable, de la part du doyen de la FÉSP et du Comité exécutif de la FÉSP : de prendre l'action appropriée à la nature de ma plainte pour rendre apparent et assurer que justice est bel et bien faite.

À ma très grande surprise et profonde déception, le doyen de la FÉSP avait inconditionnellement balayé du revers de la main tous mes arguments et demandes, sans exception aucune.

En réponse à mon recours concerné, il m'avait sur le champ annoncé sa décision (personnelle), en substance, comme suit :

« Vous devez sortir du cadre de votre sujet de thèse et réviser votre thèse suivant les exigences formulées par tous vos examinateurs de thèse. Vous devez le faire selon le plan de révision proposé par l'examinateur C. Vous devez préparer et soumettre à cet effet un plan de révision à la satisfaction préalable de tous les quatre examinateurs de votre jury de thèse ainsi que de votre directeur de thèse. À défaut, vous devez vous retirer du programme. »

Face à mon refus d'accepter de la réviser selon les exigences des examinateurs B et C concernant une étude d'analyse économique des projets ayant pour objet de démontrer la contribution économique et sociale réelle de la BAD au développement de l'Afrique, ni selon le plan proposé par l'examinateur C, il s'était mis à me menacer et à m'intimider vigoureusement de me retirer du programme et de voir ma candidature au doctorat en droit ne plus être considérée par l'uOttawa.

Il avait ajouté que je devais (impérativement) le faire si j'espérais obtenir mon diplôme de doctorat à l'uOttawa.

Docteur en psychologie et spécialiste du sommeil, le doyen de la FÉSP avait tenté avec insistance de me faire accepter sa décision personnelle en me disant ou me répondant en substance que :

- mon ancienne directrice de thèse m'avait elle aussi, en son temps, demandé de refaire ma thèse dans le sens des mêmes révisions de nature économique et sociale, et j'avais refusé de les faire;

- il n'était pas quant à lui juriste pour comprendre et savoir si ces révisions violaient ou pas le cadre et les limites de mon sujet de thèse juridique qui a été approuvé à l'uOttawa, enregistré par la FÉSP et que j'avais traité;

- les deux évaluateurs B et C ainsi que mon ancienne directrice de thèse sont quant à eux juristes et compétents pour cerner le cadre d'une thèse de droit;

- que l'un et l'autre examinateurs B et C ont exercé leur discrétion et que je ne pouvais contester ni remettre en cause leurs conclusions, verdicts et exigences de révision.

Point n'est besoin d'insister sur le fait qu'il s'agit là de propos et décisions du doyen de la FÉSP lui-même, c'est-à-dire de l'autorité chargée, en vertu de règlements de l'uOttawa, de notamment coordonner tous les programmes de maîtrise et de doctorat offerts à l'uOttawa et de superviser tous les processus d'évaluation des thèses de maîtrise et de doctorat, y compris d'enregistrer officiellement et en dernier ressort les sujets/projets de thèse finals de tout étudiant inscrit à un programme de maîtrise ou de doctorat offert à l'uOttawa au plus tard deux ans après leur inscription au programme concerné.

Jugez-en vous-même du sens de responsabilités et du professionnalisme du doyen de la FÉSP concerné.

Vu qu'il m'avait dit aussi qu'il n'était pas juriste pour comprendre les questions en litige (sur les termes de référence et les limites juridiques de mon sujet de thèse enregistré par l'uOttawa et traité), je lui avais alors suggéré de prendre l'opinion du directeur du programme de doctorat de la Faculté de droit et responsable au premier chef dudit programme.

Malheureusement, il avait ignoré complètement cette suggestion. Il n'y avait même pas répondu. Il avait fait comme s'il n'avait même pas entendu.

J'avais ensuite réitéré cette proposition et insisté, en lui rappelant la décision informelle qui avait été prise en ma faveur au niveau du Programme de doctorat en droit et de la Faculté de droit lors du conflit similaire initial avec mon ancienne directrice de thèse.

Il m'avait de nouveau ignoré complètement. Il avait ensuite conclu en me disant qu'il avait fini avec moi et qu'il devait maintenant se mettre à travailler sur d'autres choses. Il s'était ainsi alors remis à travailler sur son ordinateur, me tournant le dos.

Il avait ensuite fait la sourde oreille jusqu'au bout, se limitant à me répéter que l'un et l'autre évaluateurs B et C étaient juristes, compétents et qu'ils avaient exercé leur discrétion.

Vains ont été mes efforts pour lui faire comprendre qu'ils avaient l'obligation d'évaluer ma thèse dans les limites des termes de références du sujet/projet de thèse convenu avec l'uOttawa et enregistré, et traité.

Vains ont été mes efforts pour lui faire comprendre que la rédaction et l'évaluation d'une thèse se font dans le cadre d'un contrat entre :

- l'uOttawa (par l'entremise de ses représentants et organes autorisés); et

- chaque étudiant de tel ou tel autre programme d'études concerné.

Vains ont été mes efforts pour lui faire comprendre que l'uOttawa avait l'obligation d'assurer et de veiller à ce que tous les membres du jury de thèse nommés par l'uOttawa évaluent ma thèse dans que me thèse soit évaluer conséquemment.

Vains ont été mes efforts pour lui réitérer de nouveau de consulter et de prendre à cet effet l'avis du directeur du Programme et responsable au premier chef dudit programme pour que ce dernier lui confirme mon sujet de thèse juridique enregistré par l'uOttawa via justement la FÉSP (!) et lui explique les critères et le cadre de rédaction et d'évaluation d'une thèse de doctorat dudit programme.

Vains ont été mes efforts pour lui faire comprendre que le pouvoir discrétionnaire d'évaluation d'une thèse par tout évaluateur, y compris les évaluateurs B et C, doit impérativement s'exercer dans le respect des règlements et critères d'évaluation des thèses de doctorat en droit de l'uOttawa ainsi que dans les limites du cadre et des termes de référence définis dans le sujet/projet de thèse qui a été convenu entre l'uOttawa et moi et qui a été enregistré par la FÉSP au nom de l'uOttawa.

Vains ont été mes efforts pour lui faire comprendre que j'avais aussi déjà rencontré les examinateurs B et C et que jamais ils n'approuveraient un quelconque plan de révision préalable que je pourrais proposer ni une quelconque version révisée de ma thèse car leur objectif était de me contraindre inéluctablement à l'échec ou à l'abandon.

Par ailleurs, je lui avais dit que je ne voyais pas non plus pourquoi, en vertu de quel(s) règlement(s) de l'uOttawa, ni comment je devrais être forcé à soumettre un plan de révision de ma thèse aux deux autres examinateurs A et D qui avaient quant à eux jugé accepté ma thèse (verdict 1) pour sa soutenance sur son sujet juridique traité.

Vu mon refus d'accepter sa décision, il avait brusquement mis fin à la discussion, en me disant qu'il ne pouvait plus rien faire pour moi et qu'il allait alors référer mon dossier au Comité exécutif de la FÉSP pour une décision formelle.

Tout bien considéré, c'était en fin de compte, du début à la fin, un vrai dialogue de sourds que j'avais eu avec lui. J'en avais aussitôt rédigé ensuite le compte-rendu, par lettre que je lui avais envoyée à cet effet. J'avais mis en copie le directeur du Programme ainsi que mon directeur de thèse et doyen de la Faculté de droit. Je les prenais ainsi systématiquement à témoin, par écrit, depuis le début des conflits avec les représentants et les organes de recours et d'appel internes de l'uOttawa concernés dans cette affaire.

Dans son affidavit au soutien de mon action en responsabilité civile contre l'uOttawa, le directeur du Programme témoigne des circonstances de la prise de la décision concernée et susmentionnée du doyen de la FÉSP.

Il y décrit aussi l'état dans lequel j'étais plongé suite à la décision concernée.

Ci-après le témoignage qu'il (le directeur du programme de doctorat en doit de l'uOttawa) en a fait, toujours sous serment, aux paragraphes 65 à 70 de son affidavit :

« 65. Le 6 novembre 2001, le doyen de la FÉSP m'a rencontré en compagnie du directeur de thèse et doyen de la Faculté de droit, pour faire le point de la situation et recueillir notre opinion sur les mesures à envisager, vu que les rencontres avec les examinateurs B et C n'avaient pas permis de rapprocher le moindrement les points de vue opposés du candidat Zabo et de ces examinateurs. »;

« 66. Je suis sorti de cette rencontre avec l'impression - et telle semblait bien être l'impression du doyen de la Faculté de droit et directeur de thèse, qui m'en a fait part - que l'on irait probablement en arbitrage, c'est-à-dire que le doyen de la FÉSP nommerait un cinquième membre du jury dont l'avis départagerait éventuellement ceux des quatre examinateurs originaux. Cette solution n'avait pas la préférence du candidat Zabo. Il m'avait cependant dit qu'il aurait été prêt à l'accepter à titre de concession. »;

« 67. Lors de cette rencontre du 6 novembre 2001, j'ai d'ailleurs remis au doyen de la FÉSP les curriculums vitae de deux experts susceptibles d'agir comme cinquième membre du jury. »;

« 68. Le 27 novembre 2001, le doyen de la FÉSP a reçu le candidat et lui a plutôt demandé de soumettre un soumettre un plan de révision de sa thèse à la satisfaction préalable de ses quatre examinateurs de thèse et de son directeur de thèse, à défaut de quoi il devrait se retirer du programme. »;

« 69. Le 28 novembre 2001, monsieur Zabo m'a apporté à mon bureau une copie conforme du rapport de cette rencontre (lettre du 28 novembre 2001) et nous en avons discuté. Il était particulièrement démonté, d'autant plus que, sans lui avoir donné quelque assurance que ce soit, je lui avais laissé entendre, à la suite de ma propre rencontre avec les deux doyens en date du 6 novembre 2001, que la solution serait sans doute de nommer un cinquième évaluateur qui agirait comme arbitre. »;

« 70. Le directeur de thèse et doyen de la Faculté de droit ne m'a d'ailleurs pas dit qu'il jugeait appropriée l'option communiquée à monsieur Zabo par le doyen de la FÉSP le 27 novembre 2001, ni qu'il avait été consulté au sujet de l'exigence de soumettre un quelconque plan de révision à la satisfaction préalable des examinateurs et du directeur de thèse. ».

De toute manière, cette proposition-là, du doyen de la FÉSP, de la nomination d'un cinquième examinateur de thèse, n'avait pour objet essentiel et fondamental que de protéger inconditionnellement les deux examinateurs B et C malgré leur mise en cause dans cette affaire, et plus particulièrement l'examinateur B.

Elle n'aurait peut-être pas rien changé non plus. Car les règlements de l'uOttawa énoncent très clairement qu'une thèse ne peut pas être soutenue lorsque que deux examinateurs s'y opposent. Et les deux examinateurs B et C auraient été maintenus au jury et auraient pu le cas échéant s'opposer à l'issue de la soutenance, déclarer la soutenance non satisfaisante et empêcher ainsi l'octroi du diplôme de doctorat en droit que je visais.

Les règlements sont les règlements. Ils sont opposables à tous. Bref, ça c'est un autre débat. Dans tous les cas, le doyen de la FÉSP n'avait pas retenu cette solution-là, ni celles que je demandais dans mes lettres de recours contre les deux examinateurs B et C. Il s'était limité à m'imposer sa propre décision mentionnée ci-dessus.

Comment était-il parvenu à sa propre décision d'une telle manière personnelle? Qu'est-ce qui avait bien pu se passer entre les deux messages téléphoniques prometteurs que le directeur du Programme m'avait laissés et la rencontre à trois entre le doyen de la FÉSP, le directeur du Programme et mon directeur de thèse et doyen de la Faculté de droit?

La réponse, on la trouve dans un courrier électronique que mon directeur de thèse et doyen de la Faculté de droit m'avait subséquemment fait parvenir le 11 juin 2002 en rapport avec la décision du doyen de la FÉSP de m'imposer un plan de révision préalable de ma thèse sur base du plan proposé par l'examinateur C. Il m'avait écrit ceci :

« ... je ne me souviens pas que dans mes conversations avec le doyen de la FÉSP nous ayons parlé d'un plan spécifique et précis auquel vous deviez vous soumettre. Je me souviens plutôt que nous ayons parlé de vous demander de modifier certains aspects de la thèse destinés à tenter de donner satisfaction aux exigences des examinateurs B et C de façon à ce qu'ils acceptent votre thèse pour la soutenance. »;

« Lors de la rencontre avec le directeur du programme de doctorat en droit et le doyen de la FÉSP nous avons évoqué la possibilité de nommer un évaluateur mais aucune décision n'avait été prise dans ce sens, car de toutes façons cette décision ne nous appartenait pas. »;

« Par ailleurs, le doyen de la FÉSP devait communiquer avec les évaluateurs B et C pour vérifier dans quelle mesure ils seraient prêts à accepter la thèse pour soutenance si des modifications y étaient ajoutées. ».

Le doyen de la FÉSP devait donc « communiquer avec les évaluateurs B et C pour vérifier dans quelle mesure ils seraient prêts à accepter la thèse pour soutenance si des modifications y étaient ajoutées ». Ceci explique cela.

Il n'a donc nullement et en aucun moment été question, pour le doyen de la FÉSP et président du Comité exécutif de la FÉSP, de considérer mon recours formel contre ces deux examinateurs B et C concernés, ni de nommer un quelconque examinateur en remplacement de qui que ce soit dans le jury pour procéder à la révision de l'évaluation faite de ma thèse par l'un et l'autre examinateurs B et C.

Processus et décision du Comité exécutif de la FÉSP

Ainsi dit, ainsi fait. Le doyen de la FÉSP avait ainsi ensuite transféré mon dossier au Comité exécutif de la FÉSP, dont il était le président.

Lors de ma comparution le 11 décembre 2001, il avait tout simplement dicté aux membres dudit Comité sa propre décision personnelle susmentionnée, qu'il m'avait déjà communiquée.

Il avait à cet effet décrété que ma thèse ne pourrait pas être soutenue tant que je n'aurais pas fait des révisions dans le sens du plan de révision indiqué par l'examinateur C, et que je devais me retirer du programme si je persistais dans mon refus de les faire.

Le procès-verbal officiel de la FÉSP en fait état, comme suit :

« Le Doyen (de la FÉSP) affirme que la thèse ne pourra pas être soutenue tant que M. Zabo n'aura pas fait des révisions dans les sens indiqué par C (examinateur C), et que M. Zabo devra se retirer s'il persiste dans son refus de les faire. »

Lors de cette comparution, il m'avait demandé de me limiter à expliquer aux membres du Comité exécutif les raisons pour lesquelles j'avais refusé d'accepter sa "proposition" (sa décision personnelle) lors de ma rencontre avec lui. J'avais alors réitéré les mêmes raisons que je lui avais déjà données oralement lors de ladite rencontre, ainsi que les autres raisons contenues dans les lettres de recours.

Conformément au Règlement 110 de l'uOttawa applicable en la matière, je leur avais tout de même demandé, selon les termes consacrés, de prendre « l'action appropriée à la nature de la plainte pour assurer, et rendre apparent, que justice est faite. »

Peine perdue! Sans aucune surprise, ils avaient eux aussi balayé du revers de la main tous mes arguments et demandes.

De plus, l'un des membres dudit Comité exécutif de la FÉSP m'avait dit avec insistance qu'il ne m'appartenait pas, en tant qu'étudiant, d'apprécier ou de réviser l'évaluation faite par les examinateurs de mon jury de thèse ni leurs exigences de révision. Il avait ajouté que je devais tout simplement réviser ma thèse telle que les évaluateurs avaient exigé.

Ils avaient par ailleurs martelé que les évaluateurs B et C avaient exercé leur discrétion et que je ne pouvais pas remettre en cause leurs commentaires, leurs conclusions ni leurs exigences de révision.

En définitive, c'était une vraie perte de temps. Un énième dialogue de sourds! La suite était déjà connue d'avance. La décision personnelle du doyen de la FÉSP avait en effet été par la suite reprise et endossée formellement par le Comité exécutif de la FESP à l'issue de ma comparution le 11 décembre 2001.

Le procès-verbal officiel de ladite comparution l'atteste aussi :
« M. Zabo assiste à la réunion de 11h00 à 11h40. Il allègue que la préparation d'une thèse se fait dans le contexte d'un contrat entre l'étudiant, le directeur de thèse, la FÉSP et I'Université. Il fait une rétrospective de son cheminement dans le programme de doctorat en droit. »

Auraient-ils dû examiner le contrat allégué ainsi que sa base juridique (les règlements du programme de doctorat en droit, le sujet/projet de thèse juridique enregistré) pour décider? La réponse à cette question, lisons la suite du procès-verbal :

« Le Doyen réitère à M. Zabo la proposition qu'il a faite, lors d'une rencontre le 27 novembre 2001, de soumettre un plan de révision aux quatre examinateurs afin d'obtenir d'avance leur approbation. M. Zabo n'accepte pas cette suggestion. Il dit qu'il a déjà rencontré les examinateurs B et C et que la seule façon de les satisfaire serait de faire une nouvelle thèse. M. Zabo insiste pour qu'on l'exempte de l'exigence de faire une analyse des projets financés par la BAD. Quant aux deux autres examinateurs, M. Zabo ne voit pas pourquoi il leur soumettrait un plan de révision -ils avaient trouvé la thèse acceptable telle qu'elle était. Le Doyen affirme que la thèse ne pourra pas être soutenue tant que M. Zabo n'aura pas fait des révisions dans les sens indiqué par C, et que M. Zabo devra se retirer s'il persiste dans son refus de les faire. »

J'avais par la suite reçu la décision officielle conséquente du Comité exécutif de la FÉSP, par lettre datée du 14 décembre 2011. En voici la teneur :

« Le Comité exécutif de la Faculté des études supérieures et postdoctorales (FÉSP), après avoir considéré la documentation pertinente, ainsi que votre présentation orale, a décidé de ne pas accéder à votre demande de remplacer l'un des examinateurs de votre thèse (examinateur B) et d'être autorisé à soumettre de nouveau votre thèse sans faire les révisions demandées par deux sur quatre des examinateurs (B et C). »;

« Le Comité vous offre plutôt de préparer un plan de révision et de le soumettre à tous les examinateurs avant le 15 janvier 2002. Si votre plan est accepté par les évaluateurs, cela pourra faciliter la révision de votre thèse. »;

« De toute façon, vous devrez vous inscrire pour la session d'hiver 2002. Le délai pour terminer les révisions (qu'il y ait eu soumission d'un plan préalable ou non) est le 30 avril 2002. S'il vous fallait plus de temps, vous pourriez, à la mi-avril, faire une demande de prolongation. Pour que la prolongation soit accordée, il faudrait que votre directeur de thèse puisse confirme que votre travail sur les révisions progresse de manière satisfaisante. Si vous n'êtes pas prêt à réviser votre thèse, je regrette d'être obligé de vous dire que votre candidature au doctorat en droit de l'Université d'Ottawa n'est plus une possibilité. ».

Pourtant, l'objet de mon recours ainsi que les mesures de redressement que je demandais étaient claires, étaient également faites par écrit et étaient bien connues d'eux. Ils avaient reçus mes documents de recours et tous les documents de preuve (écrite) à l'appui.

Or, dans leur décision officielle, ils se sont de manière malveillante permis de me faire astucieusement et malicieusement dire et demander une telle chose, que seul un fou peut demander.

J'aurais, tel qu'il en ressort, demandé d'être autorisé à soumettre de nouveau ma thèse sans faire les révisions demandées par deux sur quatre des examinateurs (B et C).

J'ouvre une parenthèse ici pour vous dire que l'uOttawa avait aussi subséquemment usé du même mensonge, stratagème et subterfuge devant les cours judiciaires concernées dans cette affaire.

Ils avaient à cet effet argumenté que l'objet du litige était que je refusais de faire les révisions demandées par les évaluateurs B et C de mon jury de thèse et que je contestais à l'uOttawa et à ces évaluateurs leur droit et leur discrétion de me demander, tout comme à tout autre étudiant, de réviser ma thèse.

Comment tout ce mensonge avait-il affecté ou pas la décision des juges des cours judiciaires successives dans cette affaire?

Cela pouvait-il vraiment affecter le jugement de quiconque, par exemple le vôtre, alors que le conflit et l'objet (l'entente enregistrée, les règlements y applicables) du conflit dans cette affaire sont clairs?

J'en parle en détail dans le volume 2 du livre annoncé. Vous en jugerez alors, en ce moment-là, vous-même, de ce que les juges judiciaires censés dire le droit, et de rendre justice, ont dit et fait dans cette affaire. Fermons donc pour l'instant cette parenthèse.

Remarquons que dans le compte-rendu officiel de la réunion du Comité exécutif de la FÉSP au cours de laquelle j'avais comparu et qui avait donné lieu à cette décision-là, ils (les membres du Comité exécutif de la FÉSP et leur président) avaient écrit autre chose :

« M. Zabo insiste pour qu'on l'exempte de l'exigence de faire une analyse des projets financés par la BAD ».

Ceci est faux et archi-faux, tel que les faits et la preuve démontrent dans ce livre et dans le dossier de cette affaire.

Dans leur décision officielle et expresse découlant de cette réunion telle que mentionnée précédemment, ils avaient déformé et transformé cela pour faire croire, à ceux qui auront à s'y prononcer en appel ou dans toutes autres procédures judiciaires subséquentes, que je demandais d'être autorisé à soumettre de nouveau ma thèse sans faire les révisions demandées par deux sur quatre des examinateurs (B et C).

Autrement dit : sans faire aucune des révisions demandées par ces deux examinateurs-là.

Dans les deux cas, ils avaient sciemment déformé mes propos et mes demandes, en vue délibérément d'induire en erreur.

La vérité, telle que nous savons tous, est têtue : je n'ai et n'avais jamais demandé ni une telle autorisation (« ... d'être autorisé à soumettre de nouveau votre thèse sans faire les révisions demandées par deux sur quatre des examinateurs (B et C) »), ni une telle exemption (« M. Zabo insiste pour qu'on l'exempte de l'exigence de faire une analyse des projets financés par la BAD »). Faux et archi-faux! Jugez-en vous-même.

Tel qu'il ressort notamment de tout ce qui précède, je ne demandais aucune faveur (autorisation ou exemption) de qui que ce soit.

Je revendiquais simplement mes droits, en toute légitimité : le respect et l'application, par tous, des règlements pertinents de l'uOttawa et de l'entente sur mon sujet/projet de thèse juridique dûment signé avec l'uOttawa, enregistré par l'uOttawa et traité.

Je demandais donc ainsi à l'uOttawa, ses organes et tous ses représentants, y incluant les examinateurs de thèse internes ainsi qu'externes nommés par elle dans mon jury de thèse : - de respecter et de faire respecter (que ce soit dans le processus d'évaluation, de recours, et dans toutes décisions) les termes de référence contractuels définis dans le sujet/projet enregistré par l'uOttawa et traité dans ma thèse finale; - de respecter et de faire respecter les règlements spécifiques de l'uOttawa applicables aux thèses du Programme de doctorat de la Faculté de droit.

De la même manière, je ne demandais pas et n'avais jamais demandé d'être autorisé à soumettre de nouveau ma thèse sans faire les révisions demandées par deux sur quatre des examinateurs (B et C). Faux et archi-faux!

Au contraire, trois mois après réception des rapports d'évaluation et des verdicts des quatre examinateurs de mon jury de thèse, j'avais en effet fait toutes les révisions demandées par les uns et les autres quatre examinateurs, et qui ne violaient pas le cadre et les limites de mon sujet de thèse juridique ni les critères et règlements des thèses du Programme.

Dès lors, seules les révisions demandées en violation du sujet juridique convenu et des règlements y applicables n'étaient pas faites. Et, tel que le doyen de la FÉSP m'avait demandé de faire dans un tel cas, j'avais fourni de manière détaillée les explications requises pour justifier mon refus légitime de les faire.

Il s'agissait essentiellement de celles (les exigences de révision) consistant en une nouvelle thèse axée sur l'analyse économique des projets et ayant pour objet de démontrer la contribution économique et sociale réelle de la BAD au développement de l'Afrique. Il s'agissait aussi du plan de révision de l'examinateur C et que l'uOttawa m'imposait.

La version révisée de ma thèse finale contenait 440 pages, comparativement aux 407 antérieurement. Elle avait été examinée et approuvée par mon directeur de thèse. Il en avait formellement autorisé de nouveau le dépôt à la FÉSP.

Toutefois, vu le conflit et le processus de recours et d'appel encore en ce moment-là, on avait convenu de la déposer à titre conservatoire, sur conseil du directeur du Programme.

Je l'avais alors déposée conséquemment à la FÉSP, en décembre 2001. La FÉSP m'avait ensuite demandé si j'acceptais qu'elle la soumette au même jury pour évaluation. J'avais bien évidemment refusé. J'avais réitéré ma demande faite depuis le début : i) que la FÉSP remplace au préalable les examinateurs B et C dudit jury; ii) que la FÉSP nomme à leur place deux nouveaux examinateurs pour faire procéder à cette évaluation.

Le directeur du Programme en témoigne dans son affidavit (aux paragraphes 80 à 82). Il en dit ceci, en parlant de moi et des révisions que j'avais faites dans ladite version révisée de ma thèse (de 440 pages) :

« 80. En outre, à ma suggestion, il a en même temps déposé à la FÉSP, à titre conservatoire, une version révisée de sa thèse. Son directeur de thèse a formellement approuvé ce dépôt par attestation signée à cet effet. Cette version révisée ne tenait évidemment pas compte des remaniements radicaux demandés notamment par l'examinateur C, puisqu'il s'agit là du point même de désaccord entre le candidat et deux de ses examinateurs de thèse. »;

« 81. Pour autant que j'ai pu en juger, cette version de thèse révisée comportait cependant des modifications assez importantes de l'introduction et de la conclusion, en particulier pour tenir compte des critiques d'un des examinateurs qui avaient trouvé la thèse acceptable en vue de la soutenance, l'examinateur D, de même que pour apporter des précisions supplémentaires sur la limitation de sa thèse au domaine du droit et sur la question de l'effectivité du droit international institutionnalisé de la BAD, précisions qui se rapportaient à certaines vues contestées des examinateurs B et C. »;

« 82. Par ailleurs, la version de thèse révisée était accompagnée de volumineux commentaires dans lesquels monsieur Zabo expliquait les raisons pour lesquelles il n'avait pas cru bon de donner suite à certaines critiques et demandes de révisions, notamment des examinateurs B et C, commentaires explicatifs qui répondaient à une des exigences imposées à tout candidat qui dépose une version révisée de sa thèse et formulée notamment dans la lettre du doyen de la Faculté des études supérieures et postdoctorales (FÉSP) du 13 août 2001. ».

Était-ce un litige découlant du refus d'un étudiant « de faire les révisions que les examinateurs de son jury de thèse lui demandaient » (conformément à son sujet de thèse convenu avec son université et aux règlements de son programme d'études)? Était-ce un litige découlant d'une contestation, par un étudiant, du droit de son université et des examinateurs de sa thèse de lui demander de réviser sa thèse? Était-ce même ce que j'avais allégué dans ma demande introductive d'instance civile contre l'uOttawa? Était-ce ce que j'avais plaidé oralement devant les juges concernés?

Vous en jugerez de toutes ces questions dans le volume 2 du livre, qui traite des procédures judiciaires telles qu'elles s'étaient déroulées et des décisions successives rendues par les juges.

Réaction du directeur du Programme de doctorat en droit

Juste après sa réception de la copie de ladite décision du Comité exécutif de la FÉSP, le directeur du Programme et moi en avions discuté. Il avait réagi et dit ce qu'il en pensait, sans mâcher ses mots. Il en témoigne dans son affidavit (aux paragraphes 76 à 78) au soutien de mon action civile contre l'uOttawa dans cette affaire :

« 76. Juste après la réception de cette décision du Comité exécutif de la FÉSP du 14 décembre 2001, j'ai eu une conversation téléphonique avec le candidat Zabo pour connaître ses intentions. Je lui avais d'abord laissé un message téléphonique le même jour, lui disant notamment qu'il n'y avait rien de bien inattendu dans cette décision et que cette décision était déjà connue d'avance. »;

« 77. J'ai à cette occasion indiqué aussi à monsieur Zabo que je trouvais pour ma part l'option du doyen de la FÉSP, reprise dans la décision du Comité exécutif de la FÉSP, inappropriée. Je lui ai par ailleurs dit que je trouvais ridicule et déraisonnable la date qui lui avait été fixée par le Comité exécutif de la FÉSP pour soumettre un plan de révision, c'est- à-dire avant le 15 janvier 2002, alors qu'on était à la veille des fêtes de fin d'année. »;

« 78. Au cours de cette conversation, monsieur Zabo m'a notamment posé la question de savoir quelle aurait été ma réaction, en qualité de codirecteur des études supérieures de la Faculté de droit et de responsable de l'admission des étudiants et de l'approbation des sujets de thèse des étudiants en droit, s'il m'avait dit en 1997 que l'objet de sa thèse serait d'analyser les projets financés par la BAD pour démontrer sa contribution économique et sociale réelle au développement des pays africains. À la question ainsi posée, j'ai évidemment répondu que je lui aurais dit qu'il se trompait de Faculté, et que je l'aurais référé au département de science économique de la Faculté des sciences sociales. ».

La rupture de contrat par l'uOttawa avait été consommée. Le directeur du Programme, qui avait dès le début approuvé le sujet de thèse conformément aux critères et des règlements du programme de doctorat en droit dont il était responsable au premier chef à l'uOttawa, l'avait aussi ainsi confirmée dans ce message-là.

Il le dit, dans son témoignage ci-dessus, ce qu'il m'avait dit en conclusion ce jour-là : lors de ma demande d'admission en 1997, si je lui avais que l'objet de ma thèse serait d'analyser les projets financés par la BAD pour démontrer la contribution économique et sociale réelle de cette institution au développement des pays africains (tel que le Comité exécutif de la FÉSP et l'uOttawa m'imposaient de faire), il m'aurait dit que je me « trompais de Faculté » et m'aurait « référé au département de science économique de la Faculté des sciences sociales. »

Cette conclusion, de nul autre que le directeur du programme de doctorat de la Faculté de droit de l'uOttawa et responsable au premier chef dudit programme de doctorat au sein de l'uOttawa, se passe de tout commentaire.

Du moins, il aurait dû se passer de tout commentaire, si on avait été dans un monde de justice sans corruption.

Malheureusement, ce n'est pas le cas!

Nous vivons, malheureusement, dans un monde caractérisé par une justice corrompue du fait de certaines personnes censées dire le droit et du fait de certaines mœurs, cultures et pratiques à combattre dans la société.

Le cas concerné dans ce livre est l'un des plus révélateurs, tel que vous pouvez en juger dans le présent volume 1 et que vous en jugerez encore davantage dans le volume 2.

Tout comme moi-même aussi avais fait également dans mon propre affidavit au soutien de mon action en responsabilité civile contractuelle et délictuelle contre l'uOttawa, le directeur du Programme avait de manière détaillée expliqué dans son affidavit le processus d'enregistrement d'un sujet/projet de thèse de doctorat à l'uOttawa, les effets juridiques d'un sujet/projet de thèse une fois enregistré ainsi que les obligations contractuelles qui en découlent pour les personnes concernées par ledit processus ainsi que par le contrat de thèse signé. Les deux témoignages étaient concordants et la preuve irréfragable!

Il avait témoigné comme suit, aux paragraphes 8 à 10 de son affidavit :

« 8. En somme, le sujet de thèse doit être déterminé par l'étudiant en consultation avec son directeur de thèse. Et l'enregistrement, à l'Université d'Ottawa, de tout sujet de thèse ainsi formulé et déterminé, est conditionné à l'approbation de ce sujet de thèse par l'unité scolaire du candidat concerné. Pour ce qui est de la Faculté de droit, il revient au codirecteur des études supérieures en droit d'approuver tout sujet de thèse de doctorat ou de maîtrise. »;

« 9. Une fois que le sujet de thèse est approuvé par l'unité scolaire concernée conformément au document officiel («Enregistrement du sujet de thèse et/ou nomination du directeur ou de la directrice de recherche») prévu à cet effet et signé par l'étudiant, par son directeur de thèse et par le directeur des études supérieures de l'unité scolaire concernée, les règlements (Règlement G.2.b.) requièrent de cette dernière d'en donner avis et de le soumettre à la FÉSP aux fins d'enregistrement. En la matière, le pouvoir de la FÉSP se limite à celui d'enregistrer le sujet approuvé par l'unité scolaire concernée, et de le confirmer à l'étudiant. »;

« 10. Sauf entente ultérieure de modification ou de changement de sujet, les travaux de l'étudiant et les divers contrôles exercés sur eux doivent s'inscrire dans le cadre fixé par le sujet ainsi enregistré. ».

La question à se poser est dès lors celle-ci : y avait-il eu une quelconque entente ultérieure de modification ou de changement de mon sujet/projet de thèse enregistré par l'uOttawa dans cette affaire pour que l'uOttawa, ses organes (le Comité exécutif de la FÉSP) et représentants (le doyen de la FÉSP, les examinateurs B et C) concernés se comportent de la manière dont ils se comportaient et qu'ils s'étaient comportés?

Y avait-il quoi que ce soit à espérer au niveau du Comité d'appel du Sénat de l'uOttawa qui devait par la suite statuer sur mon appel de la décision concernée du Comité exécutif de la FÉSP?

Appel au Comité d'appel du Sénat : la décision finale et définitive de l'uOttawa

Juste pour la forme, et sur insistance du directeur du Programme, j'avais tout de même interjeté appel de la décision du Comité exécutif de la FÉSP, au Comité d'appel Sénat de l'uOttawa. On reviendra ultérieurement sur le témoignage du directeur du programme en rapport avec mon état d'esprit et comment il m'avait en fin de compte persuadé à faire malgré appel de ladite décision au Comité du Sénat.

Le Règlement sur la révision des notes, de la FÉSP de l'uOttawa, en son paragraphe 10, prévoit un tel appel en ces termes :

« ... Un appel de la décision du jury peut être fait au Comité exécutif de la Faculté des études supérieures et postdoctorales. Ce dernier prendra l'action appropriée à la nature de la plainte afin d'assurer et de rendre apparent que justice est faite. L'étudiant insatisfait du résultat de ces démarches pourra, s'il croit que les procédures appropriées n'ont pas été suivies, faire appel au Comité d'appel du Sénat. ».

J'avais ensuite comparu devant ce comité d'appel, le 19 avril 2002. Inutile de vous dire que les choses s'étaient passées de la même manière que devant le doyen de la FÉSP et devant le Comité exécutif de la FÉSP. C'était du déjà vu.

Notamment, emboîtant le pas au doyen de la FÉSP et président du Comité exécutif ainsi qu'aux membres du Comité exécutif de la FÉSP, les membres du Comité du Sénat s'étaient eux aussi limités à marteler essentiellement que les évaluateurs B et C avaient exercé leur discrétion et que je ne pouvais pas remettre en cause leurs commentaires, leurs conclusions ni leurs exigences de révision de nature économique.

Une des membres avait vigoureusement dit aussi que je devais tout simplement réviser ma thèse pour faire l'étude d'analyse des projets ayant pour objet de démontrer la contribution économique et sociale réelle de la BAD au développement de l'Afrique telle qu'exigeaient les évaluateurs B et C. Elle avait ajouté que mon ancienne directrice de thèse aussi exigeait cela en son temps.

Comme si cela ne suffisait pas, elle avait justifié et motivé tout cela en disant qu'une telle étude d'analyse (économique) des projets et de leur impact réel sur le développement économique et social de l'Afrique allait me permettre d'améliorer l'aspect critique de ma thèse (juridique).

Ma question quant à savoir comment une telle étude économique allait ou pouvait améliorer l'aspect critique d'une thèse juridique, tout comme toutes mes autres questions, étaient sans réponses raisonnables : - je ne pouvais pas réévaluer ou contester l'évaluation d'un ou des examinateurs de mon jury de thèse; - je ne pouvais pas réévaluer ou contester les exigences de révision formulées; - je devais tout simplement les faire.

C'était un dialogue de sourds en trop. Il était toutefois nécessaire, pour épuiser les voies de recours internes à l'uOttawa. Cela est requis, comme préalable, par la loi et la jurisprudence, en *Common Law*, pour pouvoir poursuivre une institution universitaire en justice dans la province de l'Ontario.

C'était donc pour moi une simple question de formalité.

J'avais déjà perdu toute confiance, et j'avais une profonde suspicion légitime, face aux instances ou organes de recours quasi judiciaires de l'uOttawa et à certaines autorités et âmes dirigeantes compétentes de l'uOttawa telles que notamment le doyen de la FÉSP et le doyen de la Faculté de droit (mon propre directeur de thèse).

Ainsi, sans surprise, j'avais par la suite reçu la décision finale et définitive du Comité du Sénat par lettre datée 24 avril 2002. Les membres de ce comité avaient ainsi naturellement rejeté mon appel de la décision du Comité exécutif de la FÉSP.

Ils avaient à cet effet motivé leur décision comme suit :

« Après avoir considéré votre appel à sa réunion du 19 avril dernier, le Comité du Sénat pour l'étude de cas individuels a convenu de le rejeter car il n'a rien trouvé qui indique que la Faculté des études supérieures et postdoctorales vous aurait imposé des exigences de révision de votre thèse différentes de ce qu'elle pourrait demander aux autres étudiants. »

Je devais donc ainsi en fin de compte faire l'un des deux choix suivants :

- me retirer du Programme; ou

- accepter l'inacceptable violation délibérée et abusive de mon sujet de thèse enregistré et des règlements de l'uOttawa par l'uOttawa elle-même.

Et dans ce dernier cas, je devais refaire ma thèse selon le plan de révision "trois thèse en une" proposé initialement par l'examinateur C et imposé finalement et définitivement par l'uOttawa via ses organes quasi judiciaires :

« Vous devez considérer tout ce qui a été fait dans votre thèse (juridique) de 407 pages comme étant sa première partie et la ramener à 200 pages. Vous devez ensuite élaborer la deuxième partie de votre thèse. Dans un premier chapitre, il sera question d'analyser les projets financés par la BAD pour démontrer sa contribution économique et sociale réelle et son impact sur le développement des pays africains. Et dans un deuxième chapitre, il sera question de démontrer que la BAD est réellement une banque africaine ».

La rupture abusive de contrat était alors ainsi définitivement confirmée et consommée. J'avais ainsi épuisé les voies de recours internes à l'uOttawa. À l'époque, le poste et les fonctions d'ombudsman de l'uOttawa n'étaient pas encore institués.

La voie judiciaire était dés lors pleinement ouverte, à compter de ce moment-là. J'avais plusieurs choix que je pouvais aussi combiner et exercer, séparément, parallèlement ou simultanément :

- déposer une requête en révision judiciaire à la Cour supérieure de justice de l'Ontario à Ottawa contre la décision finale et définitive du Comité du Sénat de l'uOttawa du 24 avril 2002?;

- déposer une demande introductive d'instance en responsabilité civile et dommages-intérêts pour rupture de contrat, complot malveillant, mauvaise foi, discrimination, incompétence, malice, harcèlement psychologique, etc.?;

- déposer les deux parallèlement ou simultanément?

J'avais dans un premier temps décidé d'attaquer cette décision par voie d'une requête en révision judiciaire à la Cour supérieure de justice de l'Ontario à Ottawa.

J'en parle au prochain chapitre. Je parle plus spécifiquement des négociations entreprises conséquemment entre l'uOttawa et moi, à l'initiative de l'uOttawa, pour tenter à l'époque de régler ladite requête judiciaire à l'amiable.

Avant cela, j'aimerais tout de même ouvrir ici une autre parenthèse pour d'ores et déjà partager d'abord ci-après la décision qui a été subséquemment prise par l'ombudsman de l'uOttawa le 14 avril 2014, soit après presque douze ans jour pour jour, sur cette décision finale et définitive du Comité du Sénat du 24 avril 2002.

En parler tout de suite vous permettra sans nul doute de mieux mesurer la réalité et le sens de la justice telle que mise en œuvre à l'interne à l'uOttawa.

Cela vous permettra sans nul doute aussi d'en juger vous-même de l'importance que les organes et autorités chargés de rendre justice à l'uOttawa accordent, dans certains cas, aux règlements de l'uOttawa.

Jugez-en vous-même de la décision de l'ombudsman de l'uOttawa.

Vous aurez ainsi une image plus on moins intégrée du système de justice prévalant à l'uOttawa dans certains cas. Je pèse bien mes mots.

Vous verrez et comprendrez le tout à la fin du livre : un système de justice quasi judiciaire corrompu, désarticulé et déréglé à plusieurs égards.

Poursuivons donc notre lecture.

Décision de l'ombudsman de l'uOttawa : "le système" n'est pas sorti de l'auberge

À l'époque des faits et de la décision finale et définitive de l'uOttawa dans cette affaire par son Comité du Sénat le 24 avril 2002, il n'y avait pas d'ombudsman à l'uOttawa. Le poste et les fonctions d'ombudsman de l'uOttawa ont été institués plus tard, en mai 2009. Ça n'aurait certainement rien changé non plus d'ailleurs! Pourquoi je dis ça? "Le système" d'administration de la justice interne à l'uOttawa n'est pas sorti de l'auberge! Je l'ai encore subi de plein fouet en 2014. Lisez ce qui suit et vous vous comprendrez.

En fait, quelques années après mon action en responsabilité civile (pour rupture de contrat, complot malveillant, etc.) dont je parle en détail dans le volume 2 du livre, soit plus précisément à partir du mois de novembre 2013, j'avais décidé de tenter une dernière chance en vue d'un nouveau processus de négociation avec l'uOttawa pour parvenir finalement à un règlement juste et équitable de cette affaire qui a trop duré.

Le facteur qui m'avait motivé le plus était le fait de voir que le doyen de la FÉSP n'était plus le même. Par ailleurs, il y avait une nouvelle administration. Monsieur Allan Rock avait succédé à Monsieur Gilles Patry comme recteur et président. Et Madame la Très honorable Michaël Jean, gouverneure honoraire du Canada, avait succédé à Mme Huguette Labelle comme chancelière de l'uOttawa.

Me rendant aussi compte que les fonctions et le poste d'ombudsman de l'uOttawa avaient été institués depuis mai 2009, j'avais alors saisi son bureau en novembre 2013. Je l'avais fait par voie d'une requête, conformément à la loi régissant ses fonctions à l'uOttawa.

J'avais alors grand espoir. J'étais convaincu que j'allais, par sa médiation, bénéficier cette fois-ci d'un processus de règlement à l'amiable réellement juste, équitable, indépendant, impartial, transparent, avec l'uOttawa.

Conformément à son mandat, à ses compétences et à ses pouvoirs et moyens d'intervention définis dans la *Loi d'attributions de l'ombudsman de l'Université d'Ottawa*, j'avais en substance demandé à l'ombudsman de l'uOttawa : - d'enquêter dans le dossier; - d'offrir et assurer entre l'uOttawa et moi un processus indépendant et impartial de discussion; - de notamment offrir et assurer la médiation pour nous permettre de régler à l'amiable le conflit concerné, de manière juste et équitable, conformément aux règlements pertinents de l'uOttawa; - de faire à cet effet les recommandations nécessaires à l'uOttawa pour favoriser un règlement juste et équitable du conflit.

Par ailleurs, pour éviter que ce que j'avais vécu se perpétue ou arrive à d'autres étudiants, je lui demandais aussi de formuler les recommandations requises à l'uOttawa pour que l'uOttawa modifie conséquemment sa gouvernance, ses politiques, procédures, pratiques opérationnelles et institutionnelles sur les diverses questions soulevées dans cette affaire. Cette demande était elle aussi conforme à la Loi d'attributions de l'ombudsman de l'uOttawa.

Au cours des deux rencontres qu'on avait eues à la suite de sa réception de mon dossier de requête très détaillé, madame l'ombudsman de l'uOttawa avait balayé du revers de la main tout ce que j'avais écrit et plaidé. Elle l'avait fait de la même manière qu'avaient fait auparavant le doyen de la FÉSP, les membres du Comité exécutif de la FÉSP et puis les membres du Comité d'appel du Sénat de l'uOttawa entre 2001 et 2002, soit douze à treize ans plus tôt.

Comme eux, elle s'était limitée à me réitérer, à justifier, appuyer, soutenir et marteler la version des faits, les arguments, les exigences de révision et les décisions de l'uOttawa dans le dossier, y compris ceux de l'ancienne directrice de thèse.

Ainsi, au terme d'un tel processus complètement inutile, partial, subjectif et non indépendant, madame l'ombudsman de l'uOttawa était sans aucune surprise parvenue à sa décision. Suite à ma demande insistante d'une décision formelle et motivée par écrit, elle l'avait motivée comme suit, par courriel électronique qu'elle m'avait envoyé le 14 avril 2014 :

« ..., je n'ai pas trouvé de failles dans les procédures suivies qui auraient compromis les droits de M. Zabo. »;

« Selon les articles 5.3 et 6.3, j'ai donc décidé de ne pas formuler de recommandations. ... »;

« J'ai conclu que l'Université avait bien suivi ses politiques et règlements et que M. Zabo avait eu une pleine opportunité de présenter son cas au Comité d'appel du Sénat et que la décision me semblait raisonnable. »;

« J'ai également bien expliqué à M. Zabo que ce n'est pas mon rôle de substituer mon jugement à celui du Comité d'appel du Sénat. ».

L'ombudsman de l'uOttawa avait alors ainsi rejeté complètement ma requête. Elle avait refusé d'enquêter dans le dossier pour faire quoique ce soit. Elle avait carrément rendu un jugement sur le fond de l'affaire, immunisant et dédouanant complètement l'uOttawa, les organes de recours et d'appel quasi judiciaires de l'uOttawa ainsi que tous les représentants de l'uOttawa mis en cause.

En effet, selon sa décision, l'uOttawa avait dans cette affaire respecté et « bien suivi ses politiques et règlements ».

Sa décision ainsi que les motifs de celle-ci avaient inspiré plusieurs questions dans ma tête.

De quels règlements parlait-t-elle?

Y a-t-il des règlements de l'uOttawa qui s'appliquent ou qui devaient s'appliquer dans cette affaire et qui ne sont ou ne seraient connus que d'elle?

Comment peut-elle, sans gêne ni aucune honte, tirer une telle conclusion? Comment peut-elle le faire alors que tous les faits et preuves contenus dans le dossier, et que j'avais plaidés devant elle, démontrent le contraire (que l'uOttawa a dans cette affaire violé sciemment, royalement et abusivement tous ses propres règlements pertinents applicables)?

Et quand elle parle des politiques de l'uOttawa en disant que l'uOttawa a « bien suivi ses politiques », à quelles politiques de l'uOttawa faisait-elle ou ferait-elle allusion? Ferait-elle notamment allusion à la politique, pratique, coutume ou culture de l'uOttawa de violer inconditionnellement ses propres règlements dans certains cas et pour certaines fins avouées dans cette affaire par ses propres représentants? Ferait-elle allusion à la politique, pratique, coutume ou culture de discrimination systémique alléguée de manière sérieuse et persistante à l'encontre de l'uOttawa depuis bien des années par d'innombrables étudiants et autres personnes sans qu'aucune solution ne soit apportée au problème?

Sincèrement, je ne voyais pas, je ne vois toujours pas, comment autrement questionner une telle conclusion expresse, de l'Ombudsman de l'uOttawa, disant que l'uOttawa « a bien suivi ses politiques et ses règlements ».

L'ombudsman de l'uOttawa pourrait peut-être un jour nous éclairer sur cette conclusion, pour nous aider à la comprendre.

Je questionnais de la même manière sa conclusion disant que la décision définitive du Comité d'appel du Sénat de l'uOttawa du 24 avril 2002 (confirmant la décision du doyen de la FÉSP et du Comité exécutif de la FÉSP) « semblait raisonnable ».

Raisonnable par rapport à quoi? Sur base de quoi? Au regard de quoi?

Au regard des critères et des règlements applicables aux thèses du programme de doctorat de la Faculté de droit de l'uOttawa?

Au regard de mon sujet de thèse juridique spécifique convenu contractuellement avec l'uOttawa, qui a été enregistré par l'uOttawa et que j'avais conséquemment traité conformément aux règlements applicables aux thèses du programme de doctorat de la Faculté de droit de l'uOttawa?

Au regard de la politique, pratique, coutume ou culture de l'uOttawa de violer inconditionnellement ses propres règlements dans certains cas et pour certaines fins avouées dans cette affaire par ses propres représentants?

Au regard de la politique, pratique, coutume ou culture de discrimination systémique alléguée de manière sérieuse et persistante à l'encontre de l'uOttawa depuis bien des années par d'innombrables étudiants et autres personnes sans qu'aucune solution ne soit apportée au problème?

Allez-y comprendre quelque chose.

Point n'est par ailleurs besoin de dire que nulle part dans ma requête j'avais demandé à l'ombudsman de l'uOttawa de substituer son jugement à celui du Comité d'appel du Sénat. Tel n'était nullement l'objet de ma requête.

En effet, l'objet de ma requête résumé ci-haut était très clair. Permettez-moi de répéter. Il s'agissait pour elle, en vertu de la loi régissant ses attributions : - d'enquêter dans le dossier; - d'offrir et assurer entre l'uOttawa et moi un processus indépendant et impartial de discussion; - de notamment offrir et assurer la médiation pour nous permettre de régler à l'amiable le conflit concerné, de manière juste et équitable, conformément aux règlements de l'uOttawa applicables aux thèses du programme de doctorat de la Faculté de droit de l'uOttawa; - de faire à cet effet les recommandations nécessaires à l'uOttawa pour favoriser un règlement juste et équitable du conflit.

En somme, le processus devant l'ombudsman de l'uOttawa m'avait simplement permis de confirmer une fois de plus ce que je savais déjà de la justice ou du système de justice interne à l'uOttawa.

Sans aucun espoir du tout, j'avais tout de même par la suite saisi le Comité consultatif de l'ombudsman de l'uOttawa.

Aux termes de la loi régissant les attributions de l'ombudsman de l'uOttawa, ce comité a notamment pour mission de répondre aux plaintes concernant le travail de l'ombudsman de l'uOttawa, d'évaluer le travail de l'ombudsman, de proposer la cessation des fonctions du titulaire du poste d'ombudsman de l'uOttawa, de conseiller l'ombudsman sur la nécessité de lancer une enquête systémique dans certains cas.

La saisine de ce comité était pour moi une simple formalité additionnelle. Je ne m'attendais à rien de différent de la part de ce comité.

C'est donc sans aucune surprise que j'avais par la suite reçu le courriel de leur décision rejetant ma demande.

Les membres dudit comité avaient conclu en disant que l'ombudsman de l'uOttawa avait agi de manière appropriée, raisonnable et conforme (à la Loi d'attributions de l'ombudsman de l'uOttawa et aux règlements de l'uOttawa).

Sincèrement, je m'étais dit, si le ridicule pouvait tuer, l'uOttawa serait en deuil de plusieurs de ses représentants et autorités concernés dans cette affaire.

Au demeurant, la requête auprès de l'ombudsman de l'uOttawa était inutilement une énième perte de temps et d'énergie. C'était inutilement un énième dialogue de sourds en trop. C'était, malheureusement, une énième occasion donnée à l'uOttawa pour remuer le couteau dans la plaie. Sur ce, je ferme la parenthèse.

Revenons alors à nos moutons. On est le 24 avril 2002. L'uOttawa, par son Comité du Sénat pour l'étude des cas individuels, a rendu sa décision finale et définitive. J'ai ainsi épuisé les voies de recours internes à l'uOttawa.

Il m'est requis en vertu de la loi, en *Common Law*, et particulièrement de la jurisprudence applicable dans la province de l'Ontario, d'épuiser au préalable les voies de recours interne avant de poursuivre en justice une telle institution académique.

Comme j'ai dit précédemment, j'avais donc à partir de ce moment-là trois options : i) déposer une requête en révision judiciaire à la Cour supérieure de justice de l'Ontario contre la décision finale et définitive du Comité du Sénat de l'uOttawa du 24 avril 2002; ii) déposer une demande introductive d'instance en responsabilité civile et en dommages-intérêts pour rupture de contrat, complot malveillant, mauvaise foi, négligence, malice, etc.; iii) déposer les deux parallèlement ou simultanément.

Tel qu'indiqué précédemment, j'avais dans un premier temps d'attaquer cette décision-là en justice par voie d'une requête en révision judiciaire.

Le processus de négociations entreprises aussitôt avec l'uOttawa en vue de régler cette procédure judiciaire-là m'avait permis de notamment confirmer, au-delà de tout doute raisonnable, d'autres irrégularités criantes dans la mise en œuvre de la justice à l'uOttawa : l'existence d'une coutume, culture, pratique ou politique de violation systémique des règlements, par l'uOttawa, pour protéger inconditionnellement les examinateurs de thèse considérés externes, indistinctement de ce qu'un étudiant peut leur reprocher.

J'avais alors compris que la messe avait été dite depuis bien longtemps, dès le début, avant même que je commence mon processus de recours interne contre les deux des quatre examinateurs (B et C) de mon jury de thèse.

CHAPITRE 9

Requête en révision judiciaire, négociations, confirmation d'une pratique de violation des règlements

Requête en révision judiciaire contre la décision finale du Comité du Sénat

En mai 2002, j'avais donc alors saisi la Cour supérieure justice de l'Ontario par voie de requête en révision judiciaire, contre la décision finale du Comité d'appel du Sénat.

En somme, je demandais l'annulation de la décision du Comité du Sénat ainsi qu'une ordonnance obligeant l'uOttawa à faire procéder à la réévaluation ou la révision de l'évaluation de l'examinateur B et de celle de l'examinateur C.

Je demandais à la Cour d'ordonner à l'uOttawa de les faire conformément aux critères et aux règlements des thèses du Programme ainsi que dans les strictes limites des termes de référence de mon sujet de thèse juridique enregistré et traité.

La raison invoquée était que ces deux examinateurs l'avait fait au mépris et en violation des règlements et en violation de mon sujet de thèse juridique, et de manière excessive et malveillante.

Pour ce faire, je demandais également à la Cour d'ordonner à l'uOttawa de nommer conséquemment deux nouveaux examinateurs dans mon jury de thèse, en remplacement des examinateurs B et C mis en cause.

Conformément à ses pouvoirs en vertu des règlements pertinents de l'uOttawa, le directeur du Programme avait d'ailleurs déjà proposé au doyen de la FÉSP (lors de leur rencontre à trois avec mon directeur de thèse) deux experts indépendants à nommer à cet effet.

Il s'agissait là de l'exercice de mes droits fondamentaux garantis par les règlements de l'uOttawa, mais dont j'avais été privé de manière injuste, arbitraire et discriminatoire par l'uOttawa du fait des agissements du doyen de la FÉSP et président du Comité exécutif de la FÉSP et des organes de recours et d'appel quasi judiciaires de l'uOttawa.

Négociations : le conseiller juridique de l'uOttawa redonne confiance

Quatre jours après la signification de ladite requête en révision judiciaire à l'UO, son conseiller juridique interne m'avait téléphoné et proposé une rencontre pour des négociations en vue de la régler à l'amiable. C'était au début du mois de juin 2002.

Lors de notre première rencontre deux jours après, il s'était montré très sympathique, très attentif, à l'écoute. Il était sensible à ce que je disais et très favorable à ma cause.

Il s'était montré humain, comparativement à tous les autres représentants de l'uOttawa et des organes de l'uOttawa mis en cause dans cette affaire. On avait ainsi agréablement échangé pendant deux heures, de manière mutuellement respectueuse.

On avait parlé notamment : - de mon cheminement au Programme; - de mon sujet de thèse enregistré par l'uOttawa et traité; - de l'objet de ma thèse; - de l'historique du conflit; - de la décision prise antérieurement au niveau de la Faculté de droit lors du conflit avec l'ancienne directrice de thèse;

On avait également parlé: - des commentaires et des verdicts de chacun des quatre examinateurs de thèse; -, des conclusions de l'examinateur A (exigeant de tous d'évaluer ma thèse dans les limites de son sujet juridique traité); - des commentaires et exigences de révision, hors sujet, des examinateurs B et C exigeant notamment une thèse sur un tout nouveau sujet de thèse dans le domaine économique et non plus juridique; - du plan de révision imposé pour ce faire par de l'examinateur C.

Tout comme on avait parlé : - des processus de recours et d'appel suivis à l'uOttawa; - de la décision finale et définitive de l'uOttawa; - des motifs invoqués dans ma requête en révision judiciaire contre cette décision; - des mesures de redressement que je demandais à la Cour supérieure de justice de l'Ontario.

J'avais retrouvé l'espoir. Je discutais enfin avec une personne de bonne foi. Qui plus est, un juriste.

Je lisais très clairement l'étonnement sur son visage pendant que je lui parlais ou que je répondais à ses questions sur mon sujet de thèse, sur son objet, sur ce qu'on avait reproché à ma thèse et sur les révisions axées sur les analyses et les démonstrations socio-économique que l'uOttawa avait imposées pour soi-disant améliorer l'aspect critique de ma thèse juridique.

Je le voyais en effet, par ses réactions (y compris non verbales) et ses questions, s'étonner de ce que l'ancienne directrice de thèse, les examinateurs B et C, le doyen de la FÉSP, le Comité exécutif de la FÉSP et le Comité d'appel du Sénat m'avaient successivement demandé et imposé de faire dans le domaine de l'économie alors que ma thèse était dans le domaine juridique.

Lorsqu'à un moment donné j'ai essayé d'insister encore davantage sur ma théorie principale de la cause en expliquant que la rédaction d'une thèse de doctorat en droit (par un étudiant) et son évaluation (par chacun des examinateurs de son jury de thèse) se font dans le cadre d'un contrat (entre l'uOttawa et l'étudiant concerné), en conformité avec le sujet de thèse préalablement approuvé et enregistré par l'Ottawa et en conformité avec les règlements applicables aux thèses du programme de doctorat de la Faculté de droit, il m'avait coupé court pour me dire qu'il savait ce que c'était qu'un contrat.

« Je sais c'est qu'un contrat »; m'avait-il dit.

Il avait ensuite reconnu aussi le droit fondamental de tout étudiant à la révision de l'évaluation ou à la réévaluation de sa thèse pour cause ou sur base non seulement de violation des règlements de l'uOttawa ou d'un sujet de thèse enregistré, mais aussi sur base d'allégations d'évaluation injuste ou excessive de la part d'un ou des examinateur(s) de son jury de thèse.

Il m'avait alors ensuite demandé de surseoir aux procédures de ma requête en révision judiciaire, pour plutôt favoriser les négociations entamées en vue d'un règlement à l'amiable.

En même temps, il m'avait demandé de lui accorder un délai de trois semaines ou un mois pour qu'il puisse discuter avec les responsables universitaires concernés et tenter de m'obtenir la réévaluation de ma thèse telle que j'avais demandée dans ma requête.

Il m'avait confirmé qu'il allait faire des propositions à l'uOttawa pour régler ma requête à l'amiable.

Ce faisant, il m'avait dit qu'il y avait à l'uOttawa une coutume de protéger les examinateurs de thèse, plus particulièrement ceux considérés comme externes. Il m'avait conséquemment averti des difficultés qu'il pourrait rencontrer dans sa démarche, à cause de cette coutume.

En fait, je n'ignorais pas l'existence de cette coutume dont la pratique courante à l'uOttawa m'avait été confirmée déjà antérieurement par le directeur du Programme ainsi que par mon directeur de thèse et doyen de la Faculté de droit. Mais j'avais trouvé cela extraordinaire de voir le conseiller juridique interne de l'uOttawa me le confirmer lui aussi.

J'avais compris que le problème de violation et de non-respect des règlements de l'uOttawa par l'uOttawa était réellement plus grave que je ne le savais et le pensais.

J'avais alors, sous toutes ces conditions-là, accepté de surseoir à ma requête en révision judiciaire à la Cour supérieure de justice de l'Ontario et de reporter sine die son audition.

Sincèrement, j'avais vraiment retrouvé l'espoir. Le conseiller juridique de l'uOttawa m'avait vraiment redonné espoir et rassuré. J'avais à cette occasion-là trouvé que c'était un homme exceptionnel.

J'avais vu et senti très clairement qu'il était sensible et favorable à ma cause.

Je me voyais en train de soutenir ma thèse dans peu de temps. Je me voyais obtenir mon doctorat en droit. Je me voyais réaliser un rêve d'enfance : devenir docteur en droit (Ph.D. en droit). Je me voyais grand professeur de droit, expert en droit international et consultant international. Je me voyais réaliser mes projets de carrière au niveau des IFI comme la Banque mondiale, la BAD ou encore au niveau des organisations internationales onusiennes ou autres, en qualité notamment de directeur juridique et vice-président. Je me voyais prospérer.

Mon enthousiasme était débordant. J'avais été en faire part au directeur du Programme, le même jour ou un jour après ma rencontre concernée (avec le conseiller juridique de l'uOttawa). J'avais ensuite écrit au conseiller juridique concerné, avec copie à mon directeur de thèse, pour leur faire rapport de ladite rencontre. J'avais également envoyé un message électronique à mon directeur de thèse et au directeur du Programme. Ce dernier en témoigne, aux paragraphes 85 et 86 de son affidavit:

« 85. Au début du mois de juin 2002, des négociations ont été entamées entre le conseiller juridique de l'Université, au nom de l'Université, et le candidat Zabo. J'ai été consulté par le conseiller juridique dans le cadre de ces négociations, le 25 juin 2002, mais je n'ai pas participé à ces négociations elles-mêmes. »;

« 86. Je peux témoigner que monsieur Zabo avait entrepris ces négociations dans un état d'esprit positif, même avec un certain enthousiasme, et avec beaucoup d'espoir de parvenir avec le conseiller juridique à un règlement consistant, en substance, en ce que l'Université d'Ottawa lui reconnaisse son droit à une évaluation juste de sa thèse par tous ses examinateurs, tout comme son droit à la révision de l'évaluation de l'un ou l'autre examinateur faite de manière injuste ou excessive, et qu'elle nomme conséquemment deux nouveaux examinateurs indépendants en remplacement des examinateurs B et C. Des entretiens que j'ai eus avec lui, ainsi qu'un message électronique qu'il m'a envoyé à moi et à son directeur de thèse à la suite de sa première rencontre avec le conseiller juridique au début du mois de juin 2002, témoignent de cet état d'esprit positif. ».

Une coutume de violation systématique des règlements confirmée

Malheureusement, trois semaines plus tard, contrairement aux attentes et espoirs suscités, le conseiller juridique concerné m'avait téléphoné et proposé une toute autre chose pour régler à l'amiable ma requête en révision judiciaire : le maintien de tous les quatre examinateurs A, B, C, et D du jury et la nomination, par le doyen de la FÉSP, d'un cinquième évaluateur en plus.

Très surpris et choqué par cette proposition, je l'avais aussitôt déclinée.

Je lui avais expliqué que cette proposition n'était plus à l'ordre du jour depuis longtemps et qu'elle était injuste.

J'avais par la même occasion contesté et remis en cause la bonne foi et l'impartialité du doyen de la FÉSP qui, selon moi, tirait les ficelles.

J'avais ajouté que par cette proposition, le doyen de la FÉSP et l'uOttawa n'avaient pour objectif que de couvrir inconditionnellement une fois de plus les agissements reprochés aux deux examinateurs B et C, de les protéger inconditionnellement, et non pas de régler ma requête telle que cet avocat et moi en avions discuté.

Je lui avais alors réitéré les mesures de redressement discutées en conformité avec les règlements de l'uOttawa : la nomination des deux experts indépendants déjà proposés par le directeur du Programme pour qu'ils procèdent à la réévaluation ou la révision de l'évaluation délibérément injuste et non conforme de l'un et l'autre examinateurs B et C.

J'étais d'autant plus choqué et déçu, car il m'avait réellement redonné espoir lors de notre première rencontre.

Et là, soudainement, je venais de me rendre compte que c'était soit de la mascarade de sa part, soit que lui-même aussi avait été naïf en pensant qu'il pouvait avoir les mains libres pour régler ce conflit.

Je ne pouvais donc accepter ce qu'il me proposait au mépris de ce dont on avait discuté et convenu de faire.

J'avais alors retrouvé ma profonde suspicion légitime.

J'avais déjà, avant tout ça, perdu toute confiance vis-à-vis des autorités compétentes de l'uOttawa et plus particulièrement du doyen de la FÉSP, à cause de tout ce qu'ils m'avaient déjà fait avant.

Je venais de me rendre compte que c'était à nouveau le doyen de la FÉSP qui tirait les ficelles, qui était derrière tout ce blocage et de ce énième refus de l'uOttawa de respecter ses propres règlements en la matière.

Or, ce monsieur-là, le doyen de la FÉSP, n'était déjà plus saint depuis longtemps : soit plus particulièrement après sa rencontre ou ses discussions avec l'examinateur B ou C.

J'avais conséquemment réitéré mon droit légitime et fondamental à une réévaluation ou à une révision de l'évaluation de l'examinateur B et de l'évaluation de l'examinateur C, en vertu des règlements de l'uOttawa.

J'avais donc ainsi rejeté cette proposition-là et réitéré mes demandes de redressement, conformément aux règlements de l'uOttawa en la matière.

Mon interlocuteur, le conseiller juridique de l'uOttawa, avait alors dit qu'il allait en discuter de nouveau et qu'il il allait me revenir là-dessus lors de notre rencontre.

Ensuite, lors de ladite rencontre finale tant attendue, soit après le délai d'un mois qu'il avait demandé, le conseiller juridique de l'uOttawa n'avait pris qu'environ deux à trois minutes pour me dire, debout tous les deux dans la salle de conférence à côté de son bureau, qu'il n'avait qu'une seule autre proposition à me faire.

Il avait ajouté que c'était la dernière que c'était à prendre ou à laisser : la nomination d'un nouveau jury de trois nouveaux évaluateurs à nommer par le doyen de la FÉSP pour l'évaluation de ma thèse par un jury complètement nouveau.

J'avais de la même manière décliné également cette proposition, en ajoutant comme autre raison que je n'avais pas non plus fait recours contre les deux autres examinateurs (A et D) et qu'il y avait dès lors aucun fondement, ni légal ni réglementaire, pour les enlever du jury ni pour annuler l'évaluation favorable et conforme que l'un et l'autre avaient déjà fait de ma thèse.

J'avais donc ainsi, de la même manière que précédemment, réitéré mon droit légitime et fondamental à une réévaluation ou à une révision de l'évaluation de l'examinateur B et de l'évaluation de l'examinateur C, exclusivement, conformément aux règlements de l'uOttawa.

Je voyais aussi très clairement le piège que me tendait le doyen de la FÉSP avec ces deux propositions qu'il avait faites via le conseiller juridique de l'uOttawa sans tenir compte des mesures de redressement demandées dans ma requête en révision judiciaire qu'on essayait de régler à l'amiable.

Je trouvais cela arbitraire, malicieux et malveillant.

En effet, alors que ni les examinateurs A et D ni leurs évaluations respectives n'étaient concernés par ma requête en révision judiciaire, pourquoi le doyen de la FÉSP continuais à mettre ces deux examinateurs A et D dans le même panier que les examinateurs B et C qui étaient quant à eux mis en cause dans cette affaire?

Pourquoi voulait-il annuler arbitrairement les évaluations et les verdicts favorables des examinateurs A et D et les enlever eux aussi du jury alors que ces deux examinateurs avaient évalué ma thèse conformément au sujet juridique convenu avec l'uOttawa et conformément aux règlements de l'uOttawa applicables aux thèses du programme de doctorat en droit de l'uOttawa?

Qui plus est, on n'était plus dans le cadre d'un recours devant lui (le doyen de la FÉSP) en tant que président du Comité exécutif de la FÉSP. Ce recours-là avait été fait. Une décision finale et définitive, du Comité d'appel du Sénat de l'uOttawa avait été rendue. Cette décision était attaquée en révision judiciaire devant la Cour supérieure de justice de l'Ontario.

Et dans cette procédure-là, en révision judiciaire, j'étais une partie au litige, au même titre et sur le même pied d'égalité que l'uOttawa. C'était ça l'état de la situation et la nouvelle réalité.

Malheureusement, malgré tout ça, je voyais que l'uOttawa continuait à se comporter comme si on n'était pas dans un processus de règlement de ma requête en révision judiciaire concernée mais dans le cadre d'un nouveau recours devant le Comité exécutif de la FÉSP et son président le doyen de la FÉSP, via le conseiller juridique de l'uOttawa.

Je ne pouvais accepter cela.

Ma requête en révision judiciaire à la Cour supérieure de justice de l'Ontario ne concernait que les examinateurs B et C. Conformément aux règlements de l'uOttawa, j'avais le droit de demander et d'obtenir de l'uOttawa la réévaluation ou la révision des évaluations uniquement de l'un et l'autre examinateurs B et C. C'était mon droit, un droit fondamental garanti par les règlements de l'uOttawa.

On n'était tout de même pas non plus dans la jungle!

On était bel et bien dans le cadre et dans le contexte d'une relation contractuelle entre, d'une part l'Université en tant qu'institution universitaire offrant des services académiques y incluant un programme de doctorat en droit conformément aux règlements applicables audit programme, et d'autre part moi en tant qu'étudiant inscrit audit programme.

Et cette relation était régie par les règlements de l'uOttawa.

Ni l'uOttawa ni son doyen de la FÉSP n'étaient donc au-dessus de la loi ni des règlements de l'uOttawa. L'uOttawa et son doyen de la FÉSP n'avaient donc pas le droit de persister à me priver de mon droit fondamental à la réévaluation exclusivement de l'évaluation de l'examinateur B et celle de l'examinateur C ainsi qu'à leur remplacement du jury à cet effet.

Comme moi, ils avaient tous l'obligation de respecter les règlements de l'uOttawa et de s'y conformer.

Le conseiller juridique de l'uOttawa comprenait parfaitement tout cela. Il devait même les comprendre mille fois mieux que moi, d'autant plus qu'il était en ce moment à un an de sa retraite professionnelle.

Malheureusement, c'était le doyen de la FÉSP qui avait le dernier mot.

Et je le voyais venir dans son piège ce doyen psychologue spécialiste du sommeil. Il ne pouvait m'endormir, en dépit de sa spécialité et de son expertise dans ce domaine. J'étais là, bien éveillé.

Ne dit-on pas qu'un homme averti en vaut deux?

Je n'étais donc pas naïf. Ce d'autant plus que les règlements (G.5.5a)4) de l'uOttawa prévoient ceci :

« Une thèse ne peut être acceptée en vue de sa soutenance si deux examinateurs s'y opposent. ... Toute personne dont la thèse n'a pas été acceptée pour la soutenance à la suite d'une seconde évaluation doit se retirer du programme. »

Je ne pouvais dès lors laisser le doyen de la FÉSP et l'uOttawa maintenir au jury les examinateurs B et C. Je ne pouvais pas non plus laisser le doyen de la FÉSP contrôler à sa guise le processus de révision de l'évaluation de ma thèse, ni en décider, notamment y nommer un nouveau jury de trois nouveaux examinateurs alors que je n'ai pas fait recours contre les deux autres examinateurs (A et D) de mon jury de thèse. Il m'aurait eu "au finish", à coup sûr! Pas seulement lui, mais de concert avec les autres complices clairement identifiés et connus dans ce dossier et qui n'avaient que cela comme objectif : me contraindre inéluctablement à l'échec ou à l'abandon.

La suspicion légitime et la crainte raisonnable de partialité et de mauvaise foi étaient trop grandes. La complaisance (avouée) de mon directeur de thèse, sa complicité conséquente et son manque de soutien exacerbaient la situation.

Comment, dans ce contexte et dans ces conditions, continuer à se battre contre l'uOttawa au moyen d'une requête en révision judiciaire?

Le jeu en valait-il encore la chandelle? Fallait-il changer de stratégie?

Le directeur du Programme témoigne des événements qui précèdent, dans son affidavit (aux paragraphes 87 à 90) :

« 87. Dans les semaines suivant les consultations du conseiller juridique de l'uOttawa, il a été finalement proposé à monsieur Zabo l'alternative suivante : soit la nomination d'un cinquième examinateur par le doyen de la FÉSP, soit la constitution d'un nouveau jury de trois examinateurs nommés par le doyen de la FÉSP. »;

« 88. Le 4 juillet 2002, monsieur Zabo m'a envoyé un courrier électronique à l'issue de la rencontre qu'il a eue le même jour avec le conseiller juridique de l'uOttawa et au cours de laquelle la deuxième proposition, celle de constitution d'un nouveau jury par le doyen de la FÉSP, lui a été faite. »;

« 89. Monsieur Zabo m'a indiqué qu'il ne pouvait accepter ces propositions. Non seulement, m'a-t-il ensuite précisé davantage, il éprouvait une crainte raisonnable de partialité dans la nomination du ou des nouveaux membres du jury, mais encore ces propositions étaient injustes : la première, parce qu'elle lui faisait éprouver aussi une crainte raisonnable de partialité de la part des examinateurs B et C s'ils étaient maintenus comme membres du jury; la deuxième, parce qu'elle écartait du jury les examinateurs A et D, dont les évaluations n'étaient pourtant pas contestées, ni par l'Université, ni évidemment par lui-même. »;

« 90. Monsieur Zabo m'a fait aussi savoir que, de toute façon, le genre de solutions proposées par l'Université n'était plus, selon ses termes, à l'ordre du jour, et que les événements des derniers mois, notamment l'échec des négociations et le manque de soutien de la part de son directeur de thèse, l'avaient démoralisé au point de lui avoir fait perdre tout courage de se battre dans de telles conditions pour obtenir un doctorat à l'Université d'Ottawa. ».

J'avais tout de même encore envoyé par la suite trois lettres successives au conseiller juridique de l'uOttawa, y incluant une mise en demeure de négocier de bonne foi à défaut de quoi je me retirerais du processus et relancerais les procédures de ma requête en révision judiciaire pour audition.

Suite à cette dernière lettre, nous nous étions de nouveau retrouvés au début du mois d'août, mais sans parvenir à un quelconque règlement à l'amiable.

On s'était une fois de plus séparés en queue de poisson.

C'était là la fin des négociations concernées.

En somme, l'OU n'avait pas accepté de régler ma requête en révision judiciaire, ni de manière conforme à ses propres règlements, ni de manière juste et équitable.

Et moi non plus je ne pouvais accepter leur coutume macabre qu'ils appliquent en violation manifeste des règlements opposables à tous.

J'avais ainsi moi aussi décliné leurs propositions y afférentes, d'autant plus que les examinateurs B et C protégés inconditionnellement par l'uOttawa n'étaient pas et ne sont pas au-dessus de la loi ni au-dessus des règlements de l'uOttawa.

Malheureusement, la coutume, la politique ou la pratique de l'uOttawa de protéger inconditionnellement les examinateurs de thèse, externes nous dit-on, même en cas de violation manifeste des règlements de l'uOttawa, avait primé sur toute autre considération.

Ce, alors que la loi régissant l'uOttawa ainsi que tous les règlements pertinents de l'uOttawa mentionnés précédemment stipulent que tous les membres de la communauté universitaire, y incluant le chancelier ou la chancelière de l'uOttawa, le recteur et vice-chancelier, les doyens de différentes Facultés, les professeurs, les examinateurs de jury de thèse, les membres du Comité exécutif de la FÉSP, les membres du Comité d'appel du Sénat de l'uOttawa, les étudiants :

« doivent toujours agir dans le respect des règlements de l'Université d'Ottawa. »

Je m'étais alors rendu compte que le problème de la violation délibérée des règlements de l'uOttawa par l'uOttawa (elle-même), par ses propres dirigeants, autorités et organes, était très grave et très inquiétant.

Tout comme l'était le problème de la mise en œuvre, de la gouvernance et de l'administration de la justice interne à l'uOttawa.

Comment, en dépit de tout ce que le conseiller juridique de l'uOttawa m'avait dit et avoué lors de notre première rencontre et en dépit de ce que le directeur du Programme confirme lui aussi dans son témoigne ci-dessus, des juristes comme le conseiller juridique de l'uOttawa, le doyen de la Faculté de droit et le directeur du programme de doctorat en droit de l'uOttawa n'avaient pas pu imposer le droit et les règlements de l'uOttawa à un doyen de FÉSP psychologue de formation et spécialiste du sommeil?

La réponse à cette question était devenue beaucoup plus simple et évidente :

- ils n'en avaient pas le pouvoir;
- c'est le système;
- le système de justice interne à l'uOttawa était ainsi;
- un système de justice universitaire corrompu, déréglé, désarticulé.

J'avais confirmation d'une des réponses à mon calvaire vécu à l'uOttawa : la fameuse coutume, politique, pratique ou culture de protéger inconditionnellement les examinateurs de thèse, externes nous dit-on, y compris en cas d'un malveillant complot éhonté et scandaleux avec une ancienne directrice de thèse pour contraindre un étudiant à l'échec ou à l'abandon de sa thèse et de ses études de doctorat en violation délibérée des règlements de l'uOttawa.

Or, il n'y avait pas que cette coutume, politique, pratique ou culture-là (de protéger inconditionnellement les examinateurs de thèse, externes nous dit-on).

En effet, bien avant cela, j'entendais aussi parler de l'existence d'une culture de discrimination systémique au sein toujours de cette même université.

Malheureusement, les plaintes, multiples, innombrables, continues, alléguant et dénonçant cette culture de discrimination systémique, étaient apparemment laissées lettres mortes : sans suite.

De ce que j'en entendais, les autorités et âmes dirigeantes de l'uOttawa avaient toujours refusé de reconnaître l'existence de cette culture de discrimination systémique et de s'attaquer au problème. Apparemment, le problème continue ou continuerait.

Je reviendrai ultérieurement sur cette culture et ce problème, au Chapitre 11, avec notamment des stupéfiantes illustrations et données chiffrées provenant de la Fédération étudiante de l'Université d'Ottawa (FÉUO), plus spécifiquement du Centre de recours étudiant de la FÉUO. J'y fais aussi, dans mes conclusions au niveau de l'épilogue, une brève comparaison avec le cas similaire et les événements conséquents qu'il y a eus à l'Université de Missouri (aux États-Unis) en novembre 2015 suite à l'inaction du recteur de cette université-là de s'attaquer au même problème et de le régler.

En définitive, j'avais tout compris bien avant : la messe était ou avait été dite depuis belle lurette.

Il n'y avait plus aucun doute dans mon esprit. C'était sans issue. On avait atteint le point de non retour. Ce, dès le début du nouveau conflit impliquant les deux des quatre examinateurs (B et C) de mon jury de thèse.

Autrement dit : depuis la résurgence, non hasardeuse, non aléatoire, du similaire conflit initial qui auparavant impliquait ma directrice de thèse originelle. La parfaite théorie de complot!

La décision de l'uOttawa en appel (Comité d'appel du Sénat de uOttawa) était réellement finale et définitive. L'uOttawa n'était pas disposée à la réviser de manière juste, équitable et conforme à ses propres règlements.

En lieu et place de régler ma requête en révision judiciaire (de cette décision-là) à ma satisfaction et de manière juste, équitable et conforme à ses propres règlements pertinents, l'uOttawa n'avait comme seul et unique objectif que de protéger inconditionnellement les deux examinateurs B et C mis en cause ainsi que l'ancienne directrice de thèse et de couvrir leurs agissements scandaleux. Non seulement l'uOttawa violait ses propres règlements, mais elle devenait aussi complice des agissements (complot malveillant, etc.) reprochés à ces derniers. Elle agissait sciemment, en toute connaissance de cause.

C'est ainsi que le conseiller juridique de l'uOttawa, sous l'impulsion et les décisions du doyen de la FÉSP, n'avait lui non plus pu aider au règlement de ma requête en révision judiciaire, ni du litige, tel qu'il avait dit qu'il allait faire.

Pourtant, il était indéniablement « favorable à ma cause » et « en ma faveur » « plutôt qu'en faveur de la FÉSP » dans cette affaire, tel que le directeur du programme de doctorat de la Faculté de droit de l'uOttawa confirme notamment dans le témoignage fait dans son affidavit repris ci-dessous. Tout comme l'était ce dernier, j'étais moi aussi « agréablement surpris » de constater et de me rendre compte que le conseiller juridique de l'uOttawa était « favorable à ma cause » et « en ma faveur » « plutôt qu'en faveur de la FÉSP » dans cette affaire.

Directeur du Programme, conseiller juridique : sur la même longueur d'onde

En effet, juste après ma toute première rencontre initiale avec le conseiller juridique de l'uOttawa, il avait rencontré et consulté notamment le directeur du programme de doctorat de la Faculté de droit de l'uOttawa. C'était pour l'entendre sur l'affaire et prendre son avis. C'était le 25 juin 2002.

À l'issue de leur rencontre, le directeur du Programme m'avait laissé un message téléphonique. Il me disait notamment qu'il était « agréablement surpris de voir » que l'avocat (le conseiller juridique interne) de l'uOttawa m'était « plutôt favorable », « penchait plutôt de mon côté » et était « plutôt favorable à ma cause » qu'en faveur de la FÉSP.

Ci-après un extrait dudit message téléphonique :

« Monsieur Zabo, c'est le professeur ... (le directeur du programme de doctorat en droit) ici. ... il y a une chose qui est certaine, il faut que vous soyez conscient de cela, c'est que l'avocat de l'Université vous est plutôt favorable. S'il penche d'un côté, c'est plutôt de votre côté que du côté des autres. ... une chose est cependant très claire pendant cet entretien, c'est que dans l'ensemble c'est plutôt en votre faveur qu'il penche plutôt qu'en faveur de la Faculté des études supérieures (FÉSP). Alors, c'est simplement qu'il voulait me voir pour avoir mes impressions. Alors, je lui ai confirmé évidemment, assez largement, un certain nombre de choses qu'il y avait dans l'affidavit et qui vous sont plutôt favorables que défavorables. Alors, voilà! Vous pouvez me rappeler au ... . Mais encore une fois, ne concluez pas de ces réunions entre l'avocat, avec le doyen (le directeur de thèse et doyen de la Faculté de droit) ou avec moi, qu'il serait défavorable à votre cause. Au contraire, j'étais agréablement surpris de voir qu'il était plutôt favorable à votre cause. »

En fait, le directeur du Programme m'avait d'abord téléphoné au cours de leur rencontre. Il m'avait à cette occasion passé au conseiller juridique, à la demande de ce denier, pour qu'on se parle. Il m'avait ensuite téléphoné également juste après leur rencontre et laissé un message téléphonique détaillé me faisant le compte rendu de leur conversation. J'avais ensuite transcrit cela et lui avait remis copie. Je lui avais aussi fait écouter le message téléphonique concerné.

En somme, dans ce conflit qui m'opposait à l'uOttawa, le directeur du Programme et le conseiller juridique de l'uOttawa émettaient sur la même longueur d'onde eu égard à mon sujet de thèse convenu et aux règlements et critères de l'uOttawa applicables aux thèses du programme de doctorat de la Faculté de droit de l'uOttawa.

Tous les deux étaient favorables à ma cause, penchaient de mon côté et du côté de la conformité aux règlements de l'uOttawa. Autrement dit, tous les deux étaient notamment contre :

- les évaluations faites de ma thèse par les deux des quatre examinateurs (B et C) en violation de mon sujet de thèse juridique enregistré contractuellement par l'uOttawa et en violation des règlements et des critères de l'uOttawa applicables aux thèses du programme de doctorat de la Faculté de droit de l'uOttawa;

- les exigences de révision consistant à m'imposer d'élaborer une thèse sur un sujet autre et de nature économique, en violation de mon sujet de thèse juridique enregistré contractuellement par l'uOttawa et en violation des règlements et des critères de l'uOttawa applicables aux thèses du programme de doctorat de la Faculté de droit de l'uOttawa;

- les décisions correspondantes des organes quasi judiciaires (Comité exécutif de la FÉSP, Comité d'appel du Sénat) de l'uOttawa et des représentants (doyen de la FÉSP, les examinateurs B et C, l'ancienne directrice de thèse) de l'uOttawa mis en cause dans cette affaire.

Tous les deux étaient en ma faveur et en faveur de ma cause. Dans le cadre de mon action en responsabilité civile (pour rupture de contrat, complot malveillant, etc.) contre l'uOttawa dans cette affaire, le directeur du Programme a, à deux reprises, témoigné formellement de sa rencontre et de la teneur de ses discussions du 25 juin 2002 avec le conseiller juridique de l'uOttawa.

Il l'avait d'abord fait de manière générale au paragraphe 85 de son affidavit assermenté déposé le 16 juillet 2003 à la Cour supérieure de justice de l'Ontario à l'appui de mon action civile concernée.

Il l'avait ensuite fait de manière plus détaillée dans son affidavit supplémentaire rédigé depuis août 2004, assermenté et déposé le 24 avril 2006 dans le but de compléter le témoignage général fait audit paragraphe 85 de son affidavit initial assermenté le 16 juillet 2003.

Pour vous permettre de vous rendre compte et d'apprécier vous-même jusqu'à quel point les deux émettaient sur la même longueur d'onde, je reprends verbatim le long témoignage détaillé qu'il avait fait dans son affidavit supplémentaire. Cela vous permettra sans nul doute de comprendre davantage la violation intentionnelle, par l'uOttawa, de ses propres règlements dans cette affaire. Cela vous permettra aussi, sans nul doute, de confirmer encore davantage sa rupture abusive, délibérée et malveillante de mon contrat d'étudiant et de thèse de doctorat en droit dans cette affaire.

Ce faisant, il ne serait pas sans intérêt d'indiquer d'abord ce qu'il en a dit de manière générale au paragraphe 85 de son affidavit initial assermenté le 16 juillet 2003 : « Au début du mois de juin 2002, des négociations ont été entamées entre le conseiller juridique interne, au nom de l'Université, et le candidat Zabo. J'ai été consulté par le conseiller juridique de l'Université dans le cadre de ces négociations, le 25 juin 2002, mais je n'ai pas participé à ces négociations elles-mêmes. »

Voyons maintenant ci-après ce qu'il en a dit de manière détaillée dans son affidavit supplémentaire du 24 avril 2006 (paragraphes 2 à 17) :

« 2. Je fais cette déposition supplémentaire dans le but de compléter le témoignage que j'ai fait précédemment au paragraphe 85 de mon affidavit assermenté le 16 juillet 2003 et déposé à la Cour supérieure de justice de l'Ontario, à l'appui de la présente action de monsieur Zabo. »;

« 3. J'ai connaissance des faits et des événements supplémentaires sur lesquels je dépose ci-après. »;

« 4. Au sein de l'unité scolaire dénommée la Faculté de droit, le codirecteur des Études supérieures de la Faculté de droit est l'autorité qui, avec l'aide d'un personnel administratif, planifie, organise, coordonne et gère le programme de doctorat en droit offert par cette unité scolaire. Il lui incombe, notamment, d'établir les normes de rédaction et les critères pertinents et spécifiques d'évaluation des thèses concernant ce programme, d'y approuver les sujets de thèse, de nommer les directeurs ou directrices de thèse et de suivre avec attention la performance de ceux-ci en termes de qualité d'encadrement des candidats et de supervision des thèses, en tenant notamment compte de l'aptitude des directeurs ou directrices de thèse à bien cerner les sujets de thèse les concernant respectivement. »;

« 5. Le 25 juin 2002, tel qu'indiqué au paragraphe 85 de mon affidavit assermenté le 16 juillet 2003, j'ai rencontré, à sa demande, ..., conseiller juridique de l'Université. Il voulait avoir mon opinion du dossier, dans le cadre des négociations entreprises à l'époque entre l'Université et monsieur Zabo pour tenter de régler à l'amiable la requête en révision judiciaire de ce dernier contre les décisions des instances universitaires qui, suivant les exigences de révision des examinateurs B et C du jury de thèse de monsieur Zabo, avaient imposé à ce dernier de soumettre un plan de révision à la satisfaction préalable des examinateurs et du directeur de thèse pour réviser sa thèse dans le sens d'une étude d'analyse économique et sociale des projets financés par la Banque africaine de développement (BAD) en vue de démontrer la contribution réelle de cette institution au développement des pays africains. La rencontre s'est déroulée sans plan établi, de façon informelle, sur le ton de la conversation. Au cours de cette conversation, le conseiller juridique de l'Université m'a demandé ce que je pensais de la thèse de monsieur Zabo. »;

« 6. Je lui ai dit qu'il n'était pas dans mon rôle habituel, en tant que codirecteur des Études supérieures de la Faculté de droit, de lire ou de réexaminer les thèses, mais qu'en raison de la situation de conflit suite à l'examen de la première version complète de la thèse de monsieur Zabo par sa directrice originelle de thèse (madame la professeure ...) en avril 2000, j'avais, à la demande de monsieur Zabo, parcouru des parties substantielles de sa thèse. »;

« 7. J'ai dit ensuite au conseiller juridique de l'Université que le candidat Zabo n'avait sans doute pas écrit la thèse du siècle, mais que sa thèse avait toutes les apparences d'un travail minutieusement mené, exposé avec soin, élaboré en conformité avec le sujet de thèse approuvé tant par sa directrice originelle de thèse que par la Direction des études supérieures de la Faculté de droit et enregistré par la FÉSP en 1999, et rédigé en conformité avec les règles de méthodologie et les exigences en vigueur à la Faculté de droit. J'ai ajouté que l'examinateur C confirmait malgré lui cette conclusion dans son rapport d'évaluation en disant trouver la thèse essentiellement descriptive pour être acceptable en vue de sa soutenance, mais en y voyant en même temps un utile outil de référence pour d'autres chercheurs. »;

« 8. Le conseiller juridique de l'Université m'a alors demandé si, en droit, une thèse descriptive ou essentiellement descriptive pouvait être considérée comme une thèse de doctorat et être acceptée en vue de l'obtention du grade de docteur en droit à la Faculté de droit de l'Université. »;

« 9. Je lui ai dit que oui, si la description était inédite ou allait plus loin que tout ce qui s'était fait jusqu'alors, ce que, lui ai-je encore répété, confirmait malgré lui l'examinateur C, qui, tout en disant trouver la thèse essentiellement descriptive pour être acceptable en vue de sa soutenance, y a en même temps trouvé un utile outil de référence pour d'autres chercheurs, évoquant les changements les plus récents au de la BAD et reposant, toujours selon ses propres dires, sur un effort considérable de recherche. »;

« 10. Le conseiller juridique de l'Université m'a ensuite demandé, sur un ton qui sentait la sympathie pour le candidat Zabo et pour sa cause, si, à mon avis, ce dernier avait été adéquatement dirigé et comment j'évaluais le travail de supervision de sa directrice originelle de thèse. »;

« 11. Je lui ai répondu que j'avais été étonné que le candidat Zabo ait dû attendre plus de deux ans et la rédaction d'une ébauche de 360 pages de sa thèse pour se voir dire par ma collègue, madame la professeure ..., qu'il devrait refaire sa thèse et soumettre à cet effet un nouveau projet et un nouveau plan de thèse, au motif que sa thèse aurait dû prendre dès le début l'orientation d'une analyse économique et sociale des projets financés par la BAD en vue d'en démontrer la contribution réelle au développement des pays africains, et donc une orientation, ai-je dit au conseiller juridique de l'Université, à plusieurs égards substantiellement éloignée de celle, juridique, que le candidat Zabo avait annoncée dans son projet de thèse initial en septembre 1997, dans son projet de thèse de doctorat tel que remanié en janvier 1998 et plus particulièrement dans son projet final de thèse de doctorat de juin 1999, dûment approuvé et enregistré par l'Université en août 1999. »;

« 12. Peut-être dans le but d'avoir une idée plus précise de mon opinion du dossier, le conseiller juridique de l'Université m'a ensuite demandé si je pourrais lui remettre une copie de l'affidavit que j'avais rédigé et remis à l'époque au candidat Zabo à l'appui de sa requête en révision judiciaire. »;

« 13. Je lui ai répondu que je ne voyais pas comment je pourrais le faire, si je n'avais pas l'accord de monsieur Zabo. J'ai donc, en présence du conseiller juridique de l'Université, téléphoné à monsieur Zabo pour lui dire que j'étais avec le conseiller juridique de l'Université et lui demander s'il acceptait que je remette à ce dernier copie de l'affidavit concerné. Monsieur Zabo m'a répondu qu'il ne pouvait accepter cela pour des raisons de stratégie et que la démarche du conseiller juridique de l'Université était dans tous les cas inappropriée. »;

« 14. Le conseiller juridique de l'Université m'a alors fait signe qu'il voulait parler à monsieur Zabo. Je l'ai entendu proposer à celui-ci la nomination, par le doyen de la FÉSP, d'un cinquième examinateur en plus des quatre examinateurs du jury initial de sa thèse, solution qui n'avait pas été retenue par monsieur le doyen de la FÉSP quelques mois auparavant. Au geste de découragement du conseiller juridique de l'Université, j'ai compris que monsieur Zabo refusait désormais cette solution. »;

« 15. Le conseiller juridique de l'Université est sorti de cette conversation téléphonique profondément irrité par le refus de monsieur Zabo. Puis, radoucissant le ton et manifestant de nouveau plutôt de la sympathie pour la cause du candidat Zabo, … . Nous nous sommes ensuite quittés, sur ce constat d'échec de la négociation. »;

« 16. Un peu plus tard au courant de la même journée, monsieur Zabo m'a téléphoné et m'a laissé un message téléphonique exprimant des inquiétudes suite aux démarches du conseiller juridique de l'Université pour obtenir mon affidavit directement de moi, avant son dépôt à la Cour et à l'insu de monsieur Zabo. Dans ce message, monsieur Zabo exprimait aussi son étonnement devant la proposition de nomination d'un cinquième examinateur par le doyen de la FÉSP alors que lors d'une rencontre avec le conseiller juridique de l'Université, ce dernier, disait monsieur Zabo, avait promis d'œuvrer dans le sens d'obtenir de la FÉSP et de son doyen d'accepter de régler le litige selon les termes contenus et les mesures demandées dans le document de la requête en révision judiciaire. »;

« 17. Donnant suite à ce message téléphonique d'inquiétudes exprimées par monsieur Zabo, je lui ai à mon tour téléphoné un peu plus tard au courant de la même journée et je lui ai laissé le message suivant, dont monsieur Zabo m'a récemment apporté au bureau copie d'une cassette enregistrée que j'ai écoutée, ainsi que copie de la transcription non officielle du message téléphonique enregistré : " Monsieur Zabo, c'est le professeur ... (le directeur du programme de doctorat en droit) ici. Alors, j'ai pris connaissance de votre message qui fait part de quelques inquiétudes. Mais, néanmoins, j'aimerais vous expliquer rapidement l'ambiance qui régnait lors de cette réunion avec l'avocat de l'Université qui m'a convoqué, de même qu'il a également rencontré le doyen ... (le directeur de thèse et doyen de la Faculté de droit) juste avant le départ de celui-ci pour la France vendredi dernier, simplement pour avoir nos vues, c'est-à-dire quelle était notre impression du dossier. Un moment donné, il me dit: vous ne pourriez pas me donner l'affidavit que vous avez fait au soutien de l'action de monsieur Zabo? Moi je lui dis que je veux bien vous le donner, mais je crois que je ne peux pas le faire sans l'accord du candidat. Alors, c'est pourquoi je vous ai téléphoné, et puis vous avez estimé que pour des raisons de stratégie, il n'était pas opportun de le faire, et puis après ça, vous avez parlé avec lui. Disons qu'il n'était pas très content des résultats de cette conversation. Alors je l'ai calmé. Parce qu'il y a une chose qui est certaine, il faut que vous soyez conscient de cela, c'est que l'avocat de l'Université vous est plutôt favorable. S'il penche d'un côté, c'est plutôt de votre côté que du côté des autres. (...). ... une chose est cependant très claire pendant cet entretien, c'est que dans l'ensemble c'est plutôt en votre faveur qu'il penche plutôt qu'en faveur de la Faculté des études supérieures (FÉSP). Alors, c'est simplement qu'il voulait me voir pour avoir mes impressions. Alors, je lui ai confirmé évidemment, assez largement, un certain nombre de choses qu'il y avait dans l'affidavit et qui vous sont plutôt favorables que défavorables. Alors, voilà! Vous pouvez me rappeler au ... . Mais encore une fois, ne concluez pas de ces réunions entre l'avocat, avec le doyen (le directeur de thèse et doyen de la Faculté de droit) ou avec moi, qu'il serait défavorable à votre cause. Au contraire, j'étais agréablement surpris de voir qu'il était plutôt favorable à votre cause." ».

Cela se passe de tout commentaire. C'est, je l'espère, clair comme l'eau de roche : les deux étaient favorables à ma cause et contre notamment les exigences et les décisions des instances de recours (le Comité exécutif de la FÉSP) et d'appel (le Comité du Sénat) de l'uOttawa dans cette affaire.

Malheureusement...

En effet, ce qui précède se passe de commentaire. Sauf peut-être pour simplement aider à comprendre davantage pourquoi le conseiller juridique de l'uOttawa, tout comme le directeur du programme de doctorat en droit auparavant, n'avait pas réussi à aider à régler le litige conformément aux règlements de l'uOttawa.

Je pense sincèrement que le conseiller juridique concerné avait l'intention et la volonté d'amener l'uOttawa et le doyen de la FÉSP à se conformer aux règlements de l'uOttawa. Malheureusement, il était limité dans ses marges de manœuvre. Il n'en avait pas. C'est le doyen de la FÉSP qui tirait les ficelles, dictait tout, et avait la décision finale, conformément au système de justice corrompu décrit et décrié précédemment.

Du fait d'un tel système de justice interne corrompu, rouillé depuis des années, caractérisé par une coutume avouée de violation systémique des règlements pour protéger des examinateurs de thèse et par de très sérieuses allégations de discrimination systémique persistantes, le conseiller juridique interne de l'uOttawa ne pouvait donc rien faire.

La complaisance entre collègues, la violation des règlements de l'uOttawa pour certaines fins (avouées) et la discrimination systémique contre certains étudiants, sont vraisemblablement érigées en culture et en système de gouvernance et d'administration de la justice à l'uOttawa.

Dans ce contexte, le directeur du programme de doctorat en droit de l'uOttawa, le conseiller juridique de l'uOttawa, et moi-même, étions contraints de simplement constater l'échec des négociations concernées, qui avaient été entreprises en ce moment-là pour régler à l'amiable ma requête en révision judiciaire (contre la décision finale et définitive du Comité d'appel du Sénat de l'uOttawa), de manière juste, équitable et conforme aux règlements de l'uOttawa.

Et le comble du malheur est qu'en plus de tout ça, mon propre directeur de thèse, de surcroît le doyen de la Faculté de droit concernée, était devenu complaisant (dès la résurgence du conflit avec les examinateurs B et C) et qu'il me l'avait ensuite reconfirmé de nouveau, de manière définitive, lors notamment desdites négociations avec le conseiller juridique de l'uOttawa.

De tout ce qui précède, ma requête en révision judiciaire devenait sans issue : l'uOttawa m'aurait eu "au finish".

Ce qui, tel que vous le verrez dans le chapitre qui suit, m'avait en fin de compte contraint de jeter l'éponge, de me désister de ma requête en révision judiciaire et de décider de plutôt poursuivre immédiatement l'uOttawa en responsabilité civile et en dommages-intérêts pour rupture abusive de contrat, complot malveillant, mauvaise foi, etc.

CHAPITRE 10

Décision de poursuivre l'uOttawa en responsabilité civile pour rupture de contrat, complot malveillant, mauvaise foi, etc.

Le directeur de thèse et doyen de la Faculté de droit signe et persiste

En marge des négociations avec le conseiller juridique de l'uOttawa qui battaient de l'aile, j'avais été malgré tout voir mon directeur de thèse le 23 juillet 2001.

C'était pour discuter avec lui de ma requête en révision judiciaire concernée et pour obtenir son implication et son appui.

En sa double qualité de directeur de thèse et de doyen de Faculté de droit concernée, je lui avais ainsi demandé (pour la énième fois) son appui pour aider au règlement juste et équitable du litige, conformément aux règlements de l'uOttawa et conformément à l'entente entre l'uOttawa et moi sur mon sujet/projet de thèse juridique enregistré contractuellement.

Sans surprise, il m'avait à l'inverse confirmé et reconfirmé sa position qu'il m'avait communiquée avant.

Tel qu'on l'avait vu précédemment, à l'issue des rencontres d'éclaircissement avec respectivement les examinateurs B et C mis en cause, il m'avait dit qu'il était dans une position inconfortable et qu'il préférait préserver ses relations avec ses collègues examinateurs B et C concernés. Cette fois-ci, il m'avait confirmé et précisé encore davantage sa position.

Plus spécifiquement, il avait clairement refusé de m'appuyer dans ma démarche ni d'appuyer mes demandes formulées conformément aux règlements de l'uOttawa pour obtenir d'elle : - la réévaluation ou la révision des évaluations des examinateurs B et C dans le respect de mon sujet de thèse juridique et des règlements de l'uOttawa applicables aux thèses du programme de doctorat de la Faculté de droit de l'uOttawa; - la nomination, à cet effet, des deux examinateurs indépendants dans mon jury de thèse, en remplacement des examinateurs B et C concernés.

En lieu et place, il avait tenté de m'imposer l'une ou l'autre des deux propositions faites par l'uOttawa (en violation de mes droits fondamentaux et de ses propre règlements) : - le maintien de tous les quatre évaluateurs A, B, C et D, au jury et la nomination d'un cinquième évaluateur (E) par le doyen de la FÉSP; - à défaut, le remplacement de tous les quatre évaluateurs de mon jury, par un nouveau jury de trois nouveaux évaluateurs à nommer par le doyen de la FÉSP.

Face à mon refus, il m'avait dit que je n'étais pas honnête, que ce n'était pas honnête de ma part. Il avait ensuite ajouté que je voulais seulement trafiquer le jury. Il m'avait ainsi accusé de ne pas être honnête et de vouloir simplement trafiquer le jury.

Très choqué par de telles accusations de la part de ce monsieur que je trouvais on ne peut plus complaisant et répugnant (en tant que directeur de thèse et en tant que doyen de la Faculté de droit concernée), je l'avais alors confronté en lui posant successivement plusieurs questions.

Je lui avais demandé dans un premier temps, si, à son avis, les examinateurs B et C avaient respectivement évalué ma thèse dans le respect de son sujet juridique enregistré par l'uOttawa et dans le respect des critères et des règlements applicables aux thèses du programme de doctorat de la Faculté de droit de l'uOttawa.

J'avais complété cette question en demandant si, à son avis, les exigences de révision (pour l'élaboration d'une thèse d'analyse socio-économique) formulées par l'un et l'autre B et C étaient conformes à mon sujet de thèse juridique concerné et auxdits règlements et critères de l'uOttawa concernés.

À ces deux questions, il m'avait répondu qu'il respectait l'avis et les conclusions de ses collègues. Étaient-ce des questions par rapport à leurs avis et les conclusions ou plutôt par rapport au sujet de thèse et aux règlements applicables à son évaluation?

Je lui avais ensuite demandé pourquoi après son examen il avait approuvé ma thèse en attestant formellement qu'elle méritait d'être soumise à un jury en vue de son évaluation et de sa soutenance. Il n'avait pas répondu à cette question.

Il n'avait pas non plus de réponse quant à la question de savoir si, en tant que professeur de droit depuis une vingtaine d'années (en ce moment-là), en tant doyen de la Faculté de droit, en tant que professionnel ayant dirigé plusieurs thèses auparavant et ayant des compétences et une expertise démontrées en la matière, il n'était pas gêné par le verdict 3 (« Même des révisions importantes ne rendraient pas cette thèse acceptable ») attribué à ladite thèse par les examinateurs B et C, respectivement, en violation du sujet de thèse juridique traité, des règlements et des critères de l'uOttawa y applicables.

Il n'avait donc pas répondu à cette question non plus. Au contraire, il m'avait simplement répété qu'il ne soutenait pas ma démarche ni mes demandes de récusation et de remplacement des seuls deux évaluateurs B et C de mon jury de thèse.

Ce faisant, sans aucun égard à mes droits fondamentaux (à une telle réévaluation de ma thèse) en vertu des règlements de l'uOttawa, il avait encore tenté, de manière malicieuse et menaçante, de me contraindre à me soumettre à la décision finale et définitive du Comité d'appel du Sénat de l'uOttawa ou à l'une des deux propositions faites l'uOttawa.

Pour rappel, la décision finale et définitive de l'uOttawa (confirmant la décision du Comité exécutif de la FÉSP) m'imposait en substance ceci :

- de sortir du cadre juridique limité de mon sujet de thèse enregistré par l'uOttawa et traité;

- de réviser ma thèse dans le sens (d'une thèse d'analyse économique des projets financés par la BAD et visant à démontrer sa contribution économique et sociale réelle et son impact sur le développement de l'Afrique) exigé par les examinateurs B et C mis en cause;

- de la réviser selon le plan (trois thèses en une) imposé par l'examinateur C;

- de soumettre, à leur satisfaction préalable, un plan de révision conséquent;

- de me retirer du Programme en cas de refus.

En dépit de toutes les violations manifestement abusives, excessives, délibérées et malveillantes des règlements de l'uOttawa ainsi que des termes de référence contractuels de mon sujet de thèse juridique conclu formellement avec l'uOttawa, mon propre directeur de thèse (et doyen de la faculté de droit) tentait de me contraindre d'accepter ladite décision et de faire tout ce que l'uOttawa m'y imposait, dans le domaine par ailleurs économique.

Devant mon refus de céder à sa pression et à ses actes de menace et d'intimidation, il était devenu gêné et avait fini par abandonner.

Ainsi, gêné par l'échec de ses démarches, il avait ensuite essayé de me rassurer de nouveau sur sa bonne foi en disant qu'il ne faisait que jouer le rôle de l'avocat du diable.

Sachant que sans son appui inconditionnel (en tant que directeur de thèse) je ne pouvais pas aboutir à quoi que ce soit, je lui avais le lendemain écrit une lettre.

Dans cette lettre, j'avais demandé de nouveau son soutien objectif, sans lequel toutes mes démarches pour une réévaluation juste, équitable et conforme de ma thèse étaient vouées à l'échec.

Je lui avais rappelé et réitéré que je demandais cela en conformité avec les responsabilités incombant à tout directeur de thèse en vertu notamment des règlements de l'uOttawa et des usages. Je lui avais apporté cette lettre un jour après, dans son bureau.

À cette occasion, il m'avait réitéré et reconfirmé pour la énième et dernière fois sa position.

Il m'avait répété qu'il n'appuyait pas mes démarches et qu'il était plutôt tout à fait d'accord avec l'uOttawa, avec la décision du Comité d'appel du Sénat susmentionnée, et avec l'une des deux propositions faites par l'uOttawa : - de récuser tous les quatre examinateurs A, B, C et D de mon jury de thèse pour les remplacer par un nouveau jury de trois examinateurs à nommer par le doyen de la FÉSP; - de maintenir tous ces quatre examinateurs dans mon jury de thèse et que le doyen de la FÉSP en nomme un cinquième.

Il avait conclu en me disant que c'était à prendre ou à laisser. J'avais compris que je devais simplement me retirer du programme immédiatement.

C'en était plus que trop. Il m'avait trahi et déçu profondément mon directeur de thèse et doyen de la Faculté de droit. Il avait définitivement rompu la relation professionnelle, contractuelle et de confiance « directeur de thèse – étudiant ».

Dire que c'est lui et le Directeur du Programme qui m'avaient redonné espoir en réglant antérieurement en ma faveur, conformément aux règlements de l'uOttawa, le conflit à l'origine de tout cela : celui avec mon ancienne directrice de thèse.

Tout cela avait suscité plusieurs questions dans mon esprit. Plusieurs questions s'entrechoquaient, en effet, dans ma tête :

- quels étaient d'après lui le rôle et les responsabilités d'un directeur de thèse?

- qu'en étaient-ils du rôle et des responsabilités d'un directeur de thèse en vertu des règlements de l'uOttawa?

- quel était mon sujet de thèse? Quels étaient les règlements et les critères y applicables?

- avais-je, en vertu des règlements de l'uOttawa, droit à une réévaluation ou révision des évaluations des examinateurs B et C que je demandais?

- quel était le rôle et les responsabilités d'un doyen d'une faculté comme la Faculté de droit dont il était le doyen en ce moment-là et qui était concernée par ce conflit-là?

Toutes ces questions n'avaient aucune espèce d'importance pour lui; me disais-je. Il n'en avait que faire des règlements de l'uOttawa, de ses propres responsabilités en tant que directeur de thèse et en tant que doyen de la Faculté de droit concernée.

Préserver ses relations avec ses collègues examinateurs B et C, c'est tout ce qui comptait pour lui. Et il ne s'était pas gêné pour me le dire dès le début (dès la résurgence du conflit au niveau de mon jury de thèse, avec les examinateurs B et C) :

« Je suis dans une situation inconfortable. Je dois préserver mes relations avec mes collègues. »

Sans nul doute, pour lui, son rôle était simplement de se laver les mains comme Ponce Pilate?

Ou encore simplement de se liguer avec ses collègues, en tant que complice, contre la thèse qu'il avait dirigée ainsi que contre son propre étudiant?

Il avait délibérément fait son choix dès le début, en âme et conscience : de devenir complice du complot malveillant orchestré par la directrice de thèse originelle avec les deux examinateurs B et C concernés.

Répugnant!; j'en avais conclu de toutes ces questions, des comportements du concerné, et du concerné lui-même (en tant que directeur de thèse et en tant que doyen de la Faculté de droit).

Le directeur du Programme : « Si c'était moi votre directeur de thèse... »

Par contre, à l'inverse donc dudit directeur de thèse et doyen de la Faculté de droit, le directeur du programme de doctorat de ladite Faculté de droit avait quant à lui eu une position ainsi que des réactions radicalement différentes.

Il était quant à lui guidé par les règlements de l'uOttawa applicables, ainsi que par le sens de la justice, de la morale et de l'éthique. Ce, du début à la fin.

Définitivement, il était quant à lui objectif, sans complaisance, profondément professionnel.

Notamment, réagissant à mes plaintes répétitives concernant le comportement complice et peu professionnel de mon directeur de thèse et doyen de la Faculté de droit, le directeur du Programme m'avait dit, avec beaucoup de regret, ceci :

« Si c'était moi votre directeur de thèse, j'aurais eu une discussion courtoise avec l'un et puis l'autre examinateurs B et C. Je leur aurais dit que la thèse avait été rédigée dans les limites de son sujet juridique enregistré par l'uOttawa et selon les critères et les règlements des thèses du programme de doctorat de la Faculté de droit de l'uOttawa. Et je les aurais priés courtoisement de la laisser passer. ».

Plus d'autre choix

En fin de compte, je n'avais donc plus d'autre choix. Considérant tous les manquements de mon directeur de thèse et doyen de la Faculté de droit à ses obligations professionnelles et contractuelles ainsi que sa complaisance et son manque de soutien déclarés.

En effet, eu égard aux circonstances de mon cas caractérisé notamment par un complot malveillant, je ne pouvais pas aboutir à quoique que ce soit à l'uOttawa, ni dans les négociations avec l'uOttawa, ni dans une quelconque réévaluation ultérieure éventuelle de ma thèse à l'uOttawa, sans l'appui de mon directeur de thèse.

Or, je ne l'avais pas!

Mon directeur de thèse avait choisi son camp dès le début : préserver ses relations avec ses collègues.

Car, avait-il estimé et déclaré, il était dans une situation inconfortable.

L'échec des négociations pour régler à l'amiable ma requête en révision judiciaire, le contexte de complaisance, de mauvaise foi caractérisée, de complot malveillant, de suspicion légitime, de discrimination, de refus catégorique de l'uOttawa de respecter ses propres règlements ni mon sujet de thèse, etc., c'en était trop!

Ajouté à tout cela la perte totale de confiance à l'égard de l'uOttawa, de la FÉSP, du doyen de la FÉSP ainsi que de mon propre directeur de thèse et doyen de la Faculté de droit.

La coupe était pleine.

C'était déjà depuis longtemps que j'avais perdu toute confiance vis-à-vis des autorités et des organes de recours et d'appel de l'uOttawa, plus spécifiquement à partir de ma rencontre avec le doyen de la FÉSP et président du Comité exécutif de la FÉSP. Cette perte totale de confiance s'était exacerbée à l'issue de ma comparution devant le Comité exécutif de la FÉSP.

Elle l'était encore davantage quand le directeur du Programme, répondant à ma question suite à sa réception de la décision de ce comité, m'avait répondu en disant que si je lui avais dit au moment de ma demande d'admission que l'objet de ma thèse serait d'analyser les projets financés par la BAD pour démontrer sa contribution économique et sociale réelle au développement des pays africains, il m'aurait évidemment dit que je me trompais de Faculté et qu'il m'aurait référé au département des sciences économiques de la Faculté des sciences sociales.

Le directeur du Programme, qui m'a accompagné inconditionnellement et sans relâche dans tout ce calvaire vécu à l'uOttawa et qui m'a beaucoup aidé à porter ma croix, voire même jusqu'aujourd'hui, en témoigne aussi dans son affidavit (au paragraphe 79) : « C'est à partir de cette période que monsieur Zabo a commencé à me parler de sa perte totale de confiance dans les instances de l'Université d'Ottawa et de son intention de poursuivre celle-ci en justice. »

Le reste, plus spécifiquement les procédures d'appel devant le Comité du Sénat de l'uOttawa, c'était pour compléter les formalités. C'était pour épuiser les voies de recours telles que la loi et la jurisprudence applicables requièrent dans la province de l'Ontario avant de poursuivre en justice une telle institution académique.

C'était d'ailleurs grâce au directeur du Programme que j'avais eu la patience d'aller jusqu'au bout de ces procédures corrompues et complètement complaisantes, de l'uOttawa. J'étais tellement indigné et exaspéré par l'état corrompu de la justice interne de l'uOttawa que je ne voulais même plus entendre parler d'une quelconque procédure ou comparution devant une instance quasi judiciaire de l'uOttawa.

Le directeur du Programme m'avait encouragé et persuadé de faire tout de même appel au Comité d'appel du Sénat de l'uOttawa. J'avais alors accepté de jouer le jeu, juste pour la forme. Il en témoigne lui-même aussi dans son affidavit, au paragraphe 80 : « J'ai réussi cependant à le persuader d'en appeler d'abord au Comité du Sénat pour l'étude des cas individuels, ce qu'il fera dès la rentrée de janvier 2002 ».

Il témoigne également, au paragraphe 69, de comment il m'avait vu « particulièrement démonté » quand j'avais été le voir un jour après ma rencontre concernée avec le doyen de la FÉSP.

Il y témoigne aussi, au paragraphe 73, de comment il m'avait confirmé la pratique en vigueur à l'uOttawa de protéger les examinateurs de thèse externes : « ... je lui ai dit qu'il était de fait de pratique courante que l'on ménage les examinateurs externes en accordant un poids particulier à leurs opinions. »

Il témoigne également, dans le même paragraphe, de comment j'étais « complètement désemparé » quand j'avais été le voir juste après ma comparution devant le Comité exécutif de la FÉSP, pour lui faire rapport du déroulement de mon audition et de la décision qui avait été dictée par le doyen de la FÉSP.

En outre, il témoigne, au paragraphe 83, comment, juste après ma comparution devant le Comité d'appel du Sénat, j'avais été lui faire part une fois de plus de mon indignation par rapport à la manière dont les procédures y avaient été conduites et de toute cette parodie de justice que j'avais vécue à l'uOttawa. Il dit :

« Le 19 avril 2002, immédiatement après sa comparution devant le Comité du Sénat pour l'étude des cas individuels, monsieur Zabo est passé me voir et m'a, une fois de plus, fait part de son indignation devant la façon dont les procédures étaient conduites et s'étaient déroulées. Il m'a dit avoir le sentiment que la décision avait été prise d'avance, qu'il n'attendait absolument rien de favorable dans la décision à prendre par ce comité, et qu'il avait assisté à une parodie de justice à l'Université d'Ottawa. »

Tous ces facteurs, combinés à tous ceux antérieurs, m'avaient alors conduit à entamer dans un premier temps une procédure judiciaire par voie de requête en révision judiciaire contre la décision finale et définitive du Comité du sénat de l'uOttawa.

Et là, d'autres facteurs s'étaient ajoutés, notamment l'échec des négociations discutées en détail au chapitre précédent. Et ce, pour les raisons indiquées, y incluant la fameuse coutume, pratique ou culture de protéger inconditionnellement les examinateurs externes de thèse.

En même temps, d'autres facteurs s'étaient confirmés, notamment le rôle complaisant et complice de mon propre directeur de thèse et doyen la Faculté de droit.

Compte tenu de tout ce qui précède, j'avais donc fini par perdre tout espoir de pouvoir poursuivre mes études à l'uOttawa et de pouvoir y obtenir mon diplôme de doctorat en droit. Rien de tout cela ne pouvait être possible sans l'appui indispensable de mon directeur de thèse.

Traumatisé, profondément abattu, désabusé et dégoûté encore davantage par tout ce qu'on m'avait fait subir ainsi que par cette institution universitaire et tous ses représentants mis en cause, estimant qu'on m'avait volé mon diplôme de doctorat en droit et mon rêve d'enfance, considérant les dommages et les préjudices (moraux, santé, vie familiale, vie professionnelle, financiers, etc.) qui devenaient de plus en plus difficiles à supporter et à gérer, j'avais finalement été contraint de retirer ma candidature du Programme.

Ce d'autant plus que l'uOttawa (par la décision finale et définitive du Comité d'appel de l'uOttawa du 24 avril 2002), en violation des règlements de l'uOttawa et de contrat, m'imposait de me retirer du Programme si je refusais de réviser ma thèse dans le sens économique qu'exigeaient les examinateurs B et C.

Le directeur du Programme, qui m'avait vu, témoigne de mon état en ce moment-là, au paragraphe 92 de son affidavit :

« Vers la fin juillet ou le début août 2002, monsieur Zabo était manifestement entré dans une phase d'abattement et de désabusement profonds qui a mené à sa décision, dont il m'a dit et dont j'ai bien vu combien elle était douloureuse et difficile, de retirer sa candidature. ».

J'avais à cet effet fait parvenir au directeur du Programme une lettre le 16 août 2002. Je lui avais réitéré avec beaucoup de souffrance, d'émotion et de dégoût, les motifs de ma décision de retirer définitivement ma candidature du Programme.

J'avais fait parvenir une copie conforme de cette lettre au recteur et vice-chancelier de l'uOttawa ainsi qu'au conseiller juridique de l'uOttawa.

Je les avais par ailleurs avisés de mon intention de poursuivre incessamment l'uOttawa en responsabilité civile et en dommages-intérêts, pour inexécution et rupture de contrat, complot malveillant, mauvaise foi, etc.

J'avais par la même occasion mis l'uOttawa en demeure d'entamer des négociations pour tenter de parvenir à un règlement à l'amiable de l'action en responsabilité civile annoncée, aux fins de l'éviter.

Ce faisant, j'avais respectueusement invité le recteur de l'uOttawa (à l'époque monsieur Gilles Patry) à user de son influence pour favoriser un règlement à l'amiable de sorte à éviter les poursuites judiciaires en responsabilité civile annoncées.

Le directeur du Programme témoigne, aux paragraphes 88 à 93 de son affidavit, des derniers événements qui m'avaient en fin de compte contraint à me retirer du Programme tel que l'uOttawa avait exigé, en violation des règlements de l'uOttawa et de contrat mon contrat d'étudiant et de thèse, par la décision finale et définitive de son Comité d'appel du Sénat.

Ci-après son témoignage sous serment concerné :

« 88. Le 4 juillet 2002, monsieur Zabo m'a envoyé un courrier électronique à l'issue de la rencontre qu'il a eue le même jour avec le conseiller juridique de l'uOttawa et au cours de laquelle la deuxième proposition, celle de constitution d'un nouveau jury par le doyen de la FÉSP, lui a été faite. »;

« 89. Monsieur Zabo m'a indiqué qu'il ne pouvait accepter ces propositions. Non seulement, m'a-t-il ensuite précisé davantage, il éprouvait une crainte raisonnable de partialité dans la nomination du ou des nouveaux membres du jury, mais encore ces propositions étaient injustes : la première, parce qu'elle lui faisait éprouver aussi une crainte raisonnable de partialité de la part des examinateurs B et C s'ils étaient maintenus comme membres du jury; la deuxième, parce qu'elle écartait du jury les examinateurs A et D, dont les évaluations n'étaient pourtant pas contestées, ni par l'Université, ni évidemment par lui-même. »;

« 90. Monsieur Zabo m'a fait aussi savoir que, de toute façon, le genre de solutions proposées par l'Université n'était plus, selon ses termes, à l'ordre du jour, et que les événements des derniers mois, notamment l'échec des négociations et le manque de soutien de la part de son directeur de thèse, l'avaient démoralisé au point de lui avoir fait perdre tout courage de se battre dans de telles conditions pour obtenir un doctorat à l'Université d'Ottawa. »;

« 91. Monsieur Zabo m'a par ailleurs indiqué que, vu que son directeur de thèse lui-même ne l'appuyait pas dans ses démarches et refusait d'assumer ses responsabilités en cette qualité, il ne voyait pas à quoi pourrait servir de relancer le processus de sa requête en révision judiciaire et qu'il envisageait maintenant d'intenter plutôt des poursuites en responsabilité civile, pour notamment, m'a-t-il dit, inexécution et rupture du contrat de thèse, évaluation délibérément injuste et excessive de thèse, et supervision inadéquate de thèse. »;

« 92. Vers la fin juillet ou le début août 2002, monsieur Zabo était manifestement entré dans une phase d'abattement et de désabusement profonds qui a mené à sa décision, dont il m'a dit et dont j'ai bien vu combien elle était douloureuse et difficile, de retirer sa candidature. Vers le 16 août 2002, monsieur Zabo m'a confirmé cette décision par lettre (avis de retrait de candidature) datée du 16 août 2002, avec copie conforme au conseiller juridique, ainsi qu'au recteur de l'Université. ».

Malheureusement, les démarches auprès du conseiller juridique et du recteur de l'uOttawa s'étaient révélées vaines, sans aucune suite.

Dans ce contexte, j'avais alors décidé de me désister de ma requête en révision judiciaire et de plutôt poursuivre l'uOttawa au moyen d'une action en responsabilité civile (contractuelle et délictuelle) et en dommages-intérêts, pour les préjudices incommensurables causés dans cette affaire.

CHAPITRE 11

Coutume de violation des règlements de l'uOttawa par l'uOttawa, allégations d'une culture de discrimination systémique : comment nous battre pour nos droits?

Contexte intégral

Peut-on, dans notre société, accepter les agissements, décisions, coutume (de violation systémique des règlements pour certaines fins) et culture (de discrimination systémique) reprochés à l'uOttawa et ses différents représentants et organes concernés dans cette affaire?

Aveux d'une coutume de violation systémique des règlements de l'uOttawa pour notamment protéger inconditionnellement les examinateurs de thèse et plus particulièrement ceux considérés externes, sérieuses et persistantes allégations d'une culture de discrimination systémique, etc.: où va l'uOttawa?

La sonnette d'alarme a été sonnée depuis des années. Il est temps de passer à la vitesse supérieure.

Ce livre apporte sa contribution à cette fin.

Le système de justice interne de l'uOttawa doit être "fixé".

La justice doit être rétablie et restaurée. Chacun doit assumer ses responsabilités, conformément à la loi et aux règlements.

Personne à l'uOttawa, parmi ses autorités et représentants, ne peut dire qu'elle ou il ne savait pas. La justice universitaire interne à l'uOttawa a couvert inconditionnellement tous les actes dérogatoires, voire barbares, commis par les représentants et les organes de l'uOttawa mis en cause dans cette affaire.

Le recteur et vice-chancelier actuel de l'uOttawa, ainsi que son prédécesseur, étaient respectivement saisis eux aussi, chacun en son temps. De même que la chancelière sortante de l'uOttawa. Mais, ils n'ont eux non plus rien fait.

Dans le cas contraire, il conviendrait que chacun d'entre eux disent ce qu'ils ont fait ou pris comme action, respectivement, en tant qu'âmes dirigeantes principales de cette institution académique concernée.

Pourquoi cette inaction? Pourquoi toute cette barbarie et cette complaisance? Pourquoi toute cette injustice délibérée? Pourquoi toute cette parodie de justice interne dans cette affaire? Pourquoi avoir couvert toute cette méchanceté ainsi que le complot malveillant dénoncé?

Pourquoi toutes ces violations délibérées, manifestes et répétitives des règlements de l'UO et du contrat université-étudiant concerné? Pourquoi toute cette impunité?

Pourquoi l'existence de telles cultures, coutumes, politiques ou pratiques, avouées ou dénoncées, de violation des règlements et de discrimination systémique au sein de l'uOttawa?

Pourquoi, en effet, cette inaction?

Est-ce à cause de cette coutume de violation systémique des règlements pour certaines fins avouées dans cette affaire?

Est-ce à cause aussi de cette « culture de discrimination systémique » dont on entend depuis des années cette université être accusée?

En effet, au-delà de ladite coutume ou culture de violation systémique des règlements pour certaines fins avouées dans cette affaire, depuis bien des années déjà, des voix s'élèvent et d'innombrables critiques et plaintes sont entendues, tendant à confirmer aussi l'existence d'une culture de discrimination systémique à l'uOttawa.

Pour l'illustrer, je vous invite à méditer notamment sur la déclaration ci-après, de la directrice du Centre de recours étudiant et directrice intérimaire du Centre d'équité en matière des droits de la personne de la Fédération étudiante, de l'Université d'Ottawa (FÉUO), faite lors d'une conférence sur la discrimination et l'harcèlement, le 6 février 2014.

Dans sa déclaration, que j'ai transcrite à partir d'une vidéo disponible sur Youtube, la concernée, madame Mireille Gervais, dit ceci :

« Pour vous donner un des exemples des difficultés que nous avons vécues au Centre de Recours Étudiant, spécifiquement en sciences infirmières, avec les appels au Comité d'appel du Sénat, entre 2007 jusqu'au 11 décembre 2011, nous n'avons gagné aucun dossier auprès du Comité d'appel. Et ça, malgré, je vais dire, peu importe le dossier, le type de dossier, le type de situation vécue en stage. Pour tout dire, c'était du jamais vu. Jamais on n'avait pas réussi à gagner un dossier d'appel dans aucune école peu importe le motif des étudiants. On gagne leurs appels au moins une fois de temps en temps. Donc c'était du jamais vu. Et c'est seulement le 11 décembre 2011 qu'on a eu notre premier gain de cause au niveau de l'École des sciences infirmières. Mais ça continue d'avoir certaines difficultés pour avancer les dossiers d'appel. (...). ... lorsqu'il y a des bris procéduraux clairs, ce sont des motifs valables pour donner gain de cause à l'étudiant. Malheureusement, c'est toujours établi, dans mon expérience à l'Université d'Ottawa, on a des dossiers où, malgré des bris procéduraux clairs, les étudiants perdent toujours leurs causes. »[11]

Le problème de la discrimination systémique, d'harcèlement, et de violation délibérée des règlements de l'uOttawa par l'uOttawa, ses organes et ses représentants, est ou serait dès lors d'une gravité inquiétante. S'il y a eu, notamment dans cette affaire, aveux ou admission de l'existence d'une culture de

---

[11] Mireille Gervais, *Discrimination et harcèlement en stage / Panel on Discrimination and Harassment during placement*, Student Federation of the University of Ottawa (SFUO) / Fédération étudiante de l'Université d'Ottawa (FÉUO), 6th February 2014, http://www.youtube.com/watch?v=HE4_OlcS3wo

violation délibérée des règlements de l'uOttawa par l'uOttawa elle-âme pour certaines fins susmentionnées, il n'en est pas de même ou il ne semble pas être de même en ce qui concerne la culture de discrimination systémique. Dans tous les cas, l'une et l'autre de ces deux cultures doivent être dénoncées et des mesures et solutions requises doivent être mises en place pour les régler et y mettre fin, sans délai, ni autre forme de procès!

Dès les premières années de mon inscription et le début de mes études à l'uOttawa en 1997, j'avais déjà moi-même aussi commencé à entendre notamment parler des plaintes et allégations de l'existence d'une culture de discrimination systémique au sein de l'uOttawa. En somme, au regard par ailleurs de la déclaration chiffrée ci-dessus provenant de la FÉUO, les dossiers et plaintes semblent abondants[12].

Les allégations vont dans le sens ou tendent à dire ou à démontrer que l'administration du recteur et président actuel de l'uOttawa ne fait pas assez, ne fait pas grand chose ou ne fait rien pour s'attaquer ou pour s'attaquer réellement au problème et le régler. L'administration de son prédécesseur n'était pas non plus ou ne semblait pas non plus être à l'abri des mêmes critiques et accusations. D'aucuns s'interrogent quant à la non admission ou la non-reconnaissance, jusqu'à ce jour, de l'existence d'une culture de discrimination systémique. D'aucuns s'interrogent aussi quant à l'inaction ou à l'insuffisance d'action, à l'absence de

---

[12] A ce sujet, voir notamment les liens suivants :
http://www.youtube.com/watch?v=HE4_OlcS3wo
http://uofovoice.blogspot.ca/2008/11/mistreatment-of-students-unfair.html
http://studentseyeview.wordpress.com/2011/03/23/motion-against-systemic-discrimination-at-the-university-of-ottawa/
https://www.youtube.com/watch?v=CGE2MO9iaMQ (Systemic Racism at the University of Ottawa :: April 29, 2011 Press Conference)
http://lawiscool.com/2012/01/31/discrimination-at-the-university-of-ottawa/
http://uofowatch.blogspot.ca/2008/12/rock-administration-prefers-to-confuse.html
http://2626.scfp.ca/files/2014/05/140528-press_release_fr.pdf
http://www.lapresse.ca/le-droit/actualites/ville-dottawa/201104/29/01-4394687-luniversite-dottawa-encore-accusee-de-discrimination.php
http://www.theglobeandmail.com/news/national/leaked-university-of-ottawa-e-mails-suggest-discrimination-complaint-led-to-dismissal-saudi-md/article570088/
http://uofowatch.blogspot.ca/2011/04/report-on-racism-at-scool-of-nursing.html
http://uofowatch.blogspot.ca/2008/12/rock-administration-prefers-to-confuse.html
http://uofowatch.blogspot.ca/search/label/racism

volonté ou au peu de volonté, pour répondre aux allégations de l'existence d'une telle culture et les régler.

Ailleurs, dans d'autres ou certaines universités dans le monde, on assiste notamment à des démissions de telles hautes autorités académiques pour les mêmes faits. Le cas le plus illustratif est bien évidemment celui qui vient de se produire le 9 novembre 2015 à l'Université de Missouri, aux États-Unis. Ce cas mérite d'être souligné. Ce, pour plusieurs raisons, dont nous ne pouvons malheureusement parler en détail dans ce livre.

Néanmoins, relevons notamment que dans ce cas les choses se sont accélérées quand un étudiant, Jonathan Butler, a commencé une grève de la faim le 2 novembre 2015.

Il reprochait à l'administration du président (recteur) de cette université de ne pas faire assez pour régler le problème de racisme sur le campus et d'avoir ainsi failli à répondre aux besoins des étudiants qui en étaient victimes.

Suite à l'inaction continue du président concerné, une bonne partie des joueurs de l'équipe de football américain de cette université s'étaient à leur tour mis en grève. C'était le 8 novembre 2015.

Ce faisant, ils avaient aussi annoncé publiquement qu'ils ne participeraient plus aux activités de leur équipe jusqu'à sa démission.

Le recteur concerné, en l'occurrence monsieur Tim Wolfe, ainsi que le chancelier de cette université, monsieur R. Bowen Loftin, n'avaient pas tenu. Un seul jour de plus avait suffi.

Ainsi, le 9 novembre 2015, soit sept jour après le début de la grève de la faim du courageux étudiant Jonathan Butler et à peine un jour après le début de la grève de ces joueurs, le recteur avait démissionné.

Il l'avait toutefois fait la tête haute. Il avait à cet effet eu le courage de confesser et d'assumer pleinement et publiquement ses responsabilités pour l'inaction de son administration suite à d'innombrables plaintes, allégations et problèmes de racisme au sein de cette université depuis des années. Il avait de la même manière confessé et assumé ses responsabilités pour les conséquentes frustrations causées aux étudiants touchés par ledit problème.

Il avait declaré ceci : « I take full responsibility for the frustrations and I take full responsibility for the inaction that has occurred on campus. »[13]

Le chancelier avait ensuite aussi à son tour démissionné par la suite, le même jour.

L'université concernée avait alors annoncé aussitôt sa volonté d'agir, ainsi qu'un plan d'action imminent pour s'attaquer au problème, répondre aux préoccupations des étudiants concernés et régler le problème.

Questionnements, quelles leçons tirer?

Que dire, quelles leçons tirer de ce qui précède, lorsque la justice interne d'une institution académique comme l'uOttawa est mise en œuvre sur fond de telles allégations similaires, de discrimination systémique, ainsi que sur fond d'une coutume ou culture de violation, malveillante et néfaste, de ses propres règlements pour certaines fins avouées dans cette affaire?

Il y a lieu de se demander, sérieusement :
- où va la justice à l'uOttawa?
- Où va l'uOttawa?

Ces questions sont d'autant plus pertinentes que de telles pratiques répugnantes favorisent et donnent libre cours à la complaisance, à des abus excessifs de pouvoir et d'autorité, à des violations abusives et manifestes des règlements de l'uOttawa, à l'impunité, à la discrimination, à la médiocrité, à des complots malveillants entre collègues professeurs et autres représentants de l'uOttawa contre des étudiants, à des injustices délibérées et des dénis de justice devant les instances de recours et d'appel quasi judiciaires internes de l'uOttawa.

Comment, dans de tels contextes d'une justice à double vitesses, les étudiants victimes peuvent-ils être protégés?

---

[13]   http://www.cnn.com/videos/us/2015/11/09/tim-wolfe-university-of-missouri-president-resigns-sot.cnn/video/playlists/univ-of-missouri-president-resigns-after-race-protests/

Comment peuvent-ils obtenir justice face à leurs bourreaux devant de telles instances quasi judiciaires comme le Comité exécutif de la FÉSP et le Comité d'appel du Sénat de l'uOttawa? Le statu quo n'est certainement pas acceptable.

Surtout lorsque le "système" ne laisse d'autre choix au petit peuple que nous sommes pour la grande majorité d'entre nous.

Réagir? Se résigner? Que faire? Comment réagir?

À chacun sa façon de réagir face à l'injustice, face à un tel système de justice à deux vitesses, à un tel système de justice corrompu et déréglé.

À chacun, définitivement, sa façon de répondre à l'injustice :

- se résigner tout simplement et abandonner le combat? Absolument pas! Du moins, tel n'est pas mon avis, ni ce que j'ai fait dans cette affaire, ni ce que je ferai à l'avenir, ni ce que je vous recommande par ce livre, ni ce que je vous recommanderais au cas où vous me consulteriez au moment opportun.

- poser un acte de désespoir comme aurait fait mon interlocuteur et tout premier lecteur Joe Spencer (dont je parle au tout début du livre)? Absolument pas!

- faire grève de la faim comme l'étudiant Jonathan Butler de l'Université de Missouri (États-Unis)? Boycotter les activités de l'équipe universitaire comme les joueurs de l'équipe de football américain de l'Université de Missouri (États-Unis) susmentionnés?

- organiser des manifestations publiques?

- recourir à des émissions de radio ou de télévision (telles que Go Public, Fifth State, Facture, As It happens, etc.) locales, régionales, nationales, internationales, pour dénoncer?

- créer une ou des vidéo(s) et les poster sur Youtube, Facebook et autres médias sociaux pour dénoncer?

- recourir à la justice judiciaire face à une très puissante institution universitaire "protégée et immunisée de fait par le système"?

- écrire un livre comme moyen de se battre pour rétablir la vérité et la justice?

- autres choses ou actions?

- une combinaison de différents moyens légaux autorisés appropriés compte tenu des faits, des lois applicables, de la preuve, de la jurisprudence et des circonstances intrinsèques de chaque affaire ou cas de conflit concerné? Définitivement!

Dans tous les cas, il faut se battre. Bien évidemment, le combat n'est jamais gagné d'avance. Il est loin d'être gagné, lorsque l'adversaire est en plus une très puissante institution telle que notamment une université comme l'uOttawa.

Qu'à cela ne tienne, face à la barbarie, à la corruption, à l'injustice délibérée, à la violation de nos droits universels et de nos libertés fondamentales, nous devons nous battre. Nous devons nous battre jusqu'au bout.

"Vivre libre ou mourir" est l'expression ainsi que l'approche qui symbolisent le mieux ce combat à mener. C'est l'approche que je vous propose.

Que ce soit individuel ou collectif (mené ensemble par plusieurs personnes ou/et groupes, y compris par un peuple opprimé), le combat pour nos droits universels et nos libertés fondamentales n'a pas de prix. Notre liberté n'a pas de prix. La justice n'a pas de prix. Notre égalité devant la loi n'a pas de prix. Nous sommes tous et toutes nés libres et égaux en dignité et en droits. Qui plus est, la loi, qui est une règle juridique écrite opposable, est de portée générale et impersonnelle.

Personne n'est donc au-dessus de la loi, y compris les présidents des républiques respectives et chefs d'États, les premiers ministres respectifs, les chefs des gouvernements respectifs, les juges, les procureurs, les institutions judiciaires, les institutions universitaires et leurs représentants.

Des préalables

Pour ce faire, il importe, au préalable, de lire et de chercher d'abord vous-même à connaître vos droits.

Il ne s'agit pas de connaître simplement et exclusivement vos droits.

En effet, en tant que citoyen vivant dans la société, vous n'avez pas que de droits. Vous avez aussi bien évidemment des obligations et des responsabilités vis-à-vis des personnes morales (l'État, la communauté internationale, les institutions, organismes ou entreprises) et des personnes physiques (individus), avec lesquelles vous êtes liées et/ou avec lesquelles vous interagissez.

Vous devez donc aussi, bien naturellement, connaître vos propres obligations et responsabilités, et vous y conformer.

Il est impérieux de vous en imprégner (de vos droits, obligations et responsabilités), de tenter de les comprendre, de faire de votre mieux pour les comprendre, de bien les comprendre, vous-même aussi, pour pouvoir mieux les revendiquer, les défendre et les faire valoir. C'est fondamental, voire même crucial, de le faire.

Vous devez à cet effet vous poser un certain nombre de questions, plus particulièrement les questions non exhaustives suivantes :

- quels sont les textes ou instruments juridiques régissant la relation ou le conflit concerné?

- quelle est la nature de la relation concernée?

- quels sont mes droits et obligations en vertu de la loi, des lois et des règlements applicables?

- que prévoient la loi, les lois et les règlements applicables?

- que dit et prévoit la loi suprême, c'est-à-dire la Constitution?

- que dit et prévoit la Charte ou les chartes des droits de la personne applicable(s)?

- que dit et prévoit le droit international applicable le cas échéant?

- que dit la jurisprudence en la matière?

- quels sont les moyens alternatifs de résolution de conflit (MARC) les plus adéquats et les plus appropriés et effectifs pour tenter de régler à l'amiable le problème, le conflit ou le litige de manière juste et équitable eu égard aux circonstances en présence?

- quid des statuts juridiques des personnes concernées?

- quels sont les actions ou les moyens contentieux ainsi que d'autres moyens autorisés par la loi et qui peuvent être mises en œuvre en toute légalité en cas notamment d'échec de règlement, de refus de règlement ou encore d'impossibilité de tout règlement à l'amiable, de toute négociation, de toute conciliation, de toute médiation?

En tout état de cause, il ne s'agit pas ici de vous demander ou de demander à tout le monde de devenir spécialiste des matières concernées par le conflit, de devenir juriste, avocat, défenseur des droits de la personne ou activiste spécialisé. Tel n'est pas mon propos.

"Don't get me wrong", comme on dit en anglais.

Ne me faites donc pas dire ce que je n'ai pas dit.

Divers organismes, personnes ressources, professionnels, sont aussi là pour vous éclairer, pour vous aider le cas échéant à comprendre vos droits, pour vous conseiller dans votre prise de décision, vous assister ou pour vous représenter dans votre combat, notamment :

- les associations compétentes ou spécialisées, y incluant des organismes communautaires autorisés opérant dans les domaines concernés ou sur les questions concernées;
- les organismes de défense des droits de la personne spécialisés et autorisés (y compris ceux internationaux);
- votre fédération étudiante (si vous êtes étudiante);
- votre syndicat (pour ce qui concerne les travailleurs syndiqués);
- votre avocat ou votre conseiller juridique;
- un consultant juridique spécialisé;
- etc.

Tout documenter dès le début, au fur et à mesure, et classifier

Vous devez pour ce faire vous assurer de tout documenter (au moyen d'écrit, d'enregistrement sonore ou/et vidéo, de témoins), de manière systématique, dès le début du conflit. Cela inclut :

- faire systématiquement rapport ou compte-rendu écrit de tout événement (discussions, rencontres, négociations, etc.) relatif au conflit, y compris les décisions qui vous sont communiquées oralement;

- envoyer systématiquement ledit rapport ou compte-rendu à l'autre partie au conflit, avec copie conforme à un ou des témoins compétents ou concernés;

- faire systématiquement rapport oral, de tout événement, aux témoins compétents ou concernés, écouter très attentivement leurs réactions et commentaires, puis les documenter immédiatement après par écrit, notamment par lettre à leur envoyer le cas échéant.

- faire le suivi, auprès de tels témoins, de toutes les correspondances que vous leur envoyer;

- s'assurer de pouvoir obtenir, sous forme d'affidavit(s) sous serment, leur(s) témoignage(s);

- sous réserve de la loi, prendre vos dispositions pour enregistrer secrètement toutes les discussions relatives au conflit, que ce soit à l'occasion d'une rencontre, d'une conversation téléphonique ou de tout autre événement, et prendre aussi des photos s'il le faut;

- conserver tous les messages téléphoniques vocaux, les messages textes, les courriers électroniques, tous autres messages écrits échangés via les médias sociaux, toutes les lettres, les décisions écrites, tous les contrats signés, toutes les autres pièces matérielles pertinentes;

- conserver très précieusement tous les éléments (écrits, sonores, vidéos, etc.) ainsi documentés, pour vous en servir ultérieurement comme étant vos preuves matérielles;

- constituer progressivement votre dossier dès le début en classifiant les événements et les éléments de preuve par ordre chronologique croissant;

- faire, par toute voie autorisée, votre propre petite enquête sur la ou les personnes concernée(s).

Il faut vous battre au moyen de tous les moyens légaux autorisés, eu égard aux circonstances de l'affaire, du problème, du conflit ou du litige en présence, de chaque cas d'espèce.

Différents outils sont disponibles pour votre enquête :

- Internet –Google, etc.-; - le site web de chaque personne physique (individu) ou morale (institution) concernée; - le ou les sites web de son employeur ou de leurs employeurs respectifs; - sur Facebook, Twitter et autres médias sociaux-; - auprès de ses ou de leurs connaissances; - dans la jurisprudence (les décisions des cours et tribunaux) disponible sur Internet, pour voir si la ou les personnes physiques ou morales concernées n'ont pas déjà été l'objet d'une décision judiciaire pour les mêmes faits ou pour d'autres faits dont vous pourriez parler et vous en servir; etc.

La mise en œuvre d'une combinaison appropriée et adaptée, au cas par cas, s'impose.

Une combinaison appropriée et adaptée, au cas par cas

À chacun d'assumer ses responsabilités. J'ai assumé les miennes, en utilisant une combinaison, pour ma part appropriée, de moyens, techniques, de stratégies et procédés légaux qui précèdent.

J'avais ainsi pu décider tout d'abord de poursuivre l'uOttawa en justice par voie de requête en révision judiciaire suite à sa décision finale et définitive concernée (la décision rendue en appel par son Comité d'appel du Sénat le 24 avril 2002).

Ce, après avoir au préalable épuisé, de la manière injuste décrite, les procédures de recours et d'appel quasi judiciaires internes à l'uOttawa.

Suite à l'échec des négociations qui visaient à régler à l'amiable cette requête en révision judiciaire, et pour les raisons légitimes invoquées, je m'étais par la suite désisté de ladite requête en révision judiciaire.

En lieu et place, j'avais conséquemment décidé et poursuivi plutôt l'uOttawa en responsabilité civile contractuelle et délictuelle, pour notamment rupture abusive de contrat, complot malveillant, mauvaise foi, harcèlement psychologique, etc.

J'avais préparé et déposé conséquemment ma demande introductive d'instance en novembre 2002, amendée en décembre 2002.

Dans celle-ci, telle qu'analysée et discutée en détail dans le Volume 2 du livre, je plaide à l'encontre de l'uOttawa, notamment : - l'inexécution et la rupture abusive du contrat (la violation des règlements de l'uOttawa; la violation du sujet de thèse de doctorat en droit convenu, enregistré et traité; une évaluation de ma thèse et exigences de révision en violation des règlements applicables et du sujet de thèse convenu, enregistré et traité); - un complot malveillant destiné à me contraindre à l'abandon et à l'échec de ma thèse et de mes études doctorales; - la mauvaise foi et la malice; - la discrimination; - l'incompétence de l'ancienne directrice de thèse et des deux évaluateurs B et C pour respectivement superviser ou évaluer ma thèse; - la négligence et la complicité du directeur de thèse; - la rupture de la relation de confiance; - l'intimidation et l'harcèlement psychologique.

Face à la barbarie et à l'injustice délibérée subies à l'uOttawa et couvertes par l'uOttawa du fait de l'existence en son sein d'une justice corrompue, et ensuite face à une justice judiciaire corrompue elle aussi en la matière (tel que vous le verrez dans le Volume 2), je poursuis maintenant mon combat au moyen de ce livre.

Le Volume 2 (annoncé) est consacré au déroulement des procédures judiciaires de l'action civile concernée, et plus particulièrement à l'analyse minutieuse des décisions et des motifs des décisions préliminaires, stupéfiantes et scandaleuses, rendues par les juges dans cette affaire. Ces décisions, telles que les verrez avec moi, corrompent encore davantage une justice judiciaire déjà corrompue en la matière (des litiges découlant notamment de l'inexécution et de la rupture abusive de la relation contractuelle « université – étudiant »). Dans ledit Volume 2, j'aborde notamment aussi, et vous soumets, d'autres voies et moyens que j'avais mis en œuvre subséquemment (après la décision de la Cour suprême du Canada) ou considérés, ainsi que d'autres que j'explore pour m'assurer de mener ce combat jusqu'au bout, c'est-à-dire : jusqu'au rétablissement de la vérité et de la justice.

ÉPILOGUE

Des hommes d'honneur

En définitive, aucun homme ni femme ne peut s'affermir par la barbarie, la méchanceté, la corruption, des complots malveillants, la complaisance malveillante entre collègues, l'injustice délibérée, la violation délibérée et systémique de la loi et des règlements, la discrimination systémique.

Aucune société ou institution ne peut non plus réellement se développer, s'élever et progresser, sur base ou le fondement de telles valeurs négatives.

La méchanceté et la barbarie, à l'instar des biens mal acquis, ne profitent pas et ne peuvent réellement rendre quiconque heureux, ni aucune institution plus développée ou mieux réputée. Bien au contraire!

Ces valeurs négatives, et les comportements qui en découlent de la part des bourreaux, causent, à leurs victimes, des préjudices et dommages incommensurables sur différents plans (santé, moral, affectif, matériel, familial, social, etc.), pouvant aller jusqu'au suicide et à d'autres faits et actes de désespoir.

Quel plaisir, une professeure, comme l'ancienne directrice de thèse mise en cause dans cette affaire, éprouve-t-elle en agissant comme elle a fait dans cette affaire?

Qu'en est-il de tous ses complices (individus et organes mis en cause dans cette affaire)?

La société, notre société, nos universités, nos instances de recours et d'appel quasi judiciaires universitaires, nos institutions judiciaires, ne peuvent devenir complices de telles personnes!

Et ce, sous aucun prétexte!

La corruption, morale en l'espèce, ainsi que la barbarie, sont des fléaux que nous devons tous combattre de toutes nos forces.

La corruption, telle qu'on l'a vue précédemment, « corrompt tout » et exacerbe encore davantage l'ensemble de la situation.

On a vu, dans ce livre, le niveau de la corruption (morale) tant sur le plan individuel, national que des institutions.

La société ainsi que nos institutions, y compris les institutions académiques concernées comme l'uOttawa et nos cours et tribunaux, ont besoin d'hommes et de femmes d'honneur pour combattre ces fléaux en vue de préserver aussi bien la justice au sein de telles institutions que de restaurer ces institutions elles-mêmes et d'ainsi redorer leurs blasons qui ne peuvent qu'être ternis par les comportements et les cultures ou pratiques dérogatoires de telles natures.

Cela va de l'avenir de nos enfants, petits-enfants, arrières petits-enfants, etc. Ça nous concerne donc tous.

Dans cette perspective, en concluant sur le présent Volume 1 du livre, j'aimerais très sincèrement rendre un vibrant hommage à deux hommes d'honneur, les saluer vivement et les remercier du fond du cœur.

Comme vous l'avez vu et que vous verrez dans le Volume 2 ce que les juges concernés en avaient faits, mon action en responsabilité civile contre l'uOttawa avait été soutenue également par les affidavits déposés sous serment par deux directeurs du programme de doctorat de la Faculté de droit de l'uOttawa, témoignant objectivement en ma faveur.

Accepter de déposer un affidavit sous serment, pour témoigner en justice en faveur d'un étudiant et "contre" une puissante institution universitaire qui n'est nulle autre que votre propre employeur, constitue un acte que seuls les hommes et femmes d'honneur peuvent poser.

Qui plus est, dans le contexte d'une justice universitaire interne corrompue et gangrenée par la complaisance ainsi que par une culture (avouée et confirmée) de violation des règlements et une culture (alléguée) de discrimination systématique.

Ce n'est donc pas donner à tout le monde de poser un tel acte.

C'est réservé à des hommes et femmes exceptionnels : des hommes et femmes d'honneur.

Dans cette affaire, ce sont donc deux hommes d'honneur qui se sont démarqués du lot. J'ai cité :

- le directeur du programme de doctorat de la Faculté de droit de l'Université d'Ottawa, Section de droit civil, de 1995 à juin 1999 et puis de juillet 2001 au 30 juillet 2004; et,

- le directeur du programme de doctorat de la Faculté de droit de l'Université d'Ottawa, Section de droit civil, du 1er juillet 2000 au 30 juin 2001.

Permettez-moi de partager avec vous cette définition, pleine de sens, d'homme d'honneur :

« Homme vertueux, probe, intègre, courageux, qui ne transigent pas avec les règles les plus strictes de la morale. » (Centre National de ressources Textuelles et lexicales).

Je ne pouvais pour ma part clore mon propos sans leur rendre un vibrant hommage et saluer de manière spéciale leur courage, leur probité, leur objectivité et leur sens très élevé de professionnalisme et de la justice. Ce sont là deux hommes d'honneur.

Sans eux, ce combat, déjà herculéen, aurait été beaucoup plus difficile encore à mener.

N'avons-nous pas dit d'entrée de jeu, à l'instar d'Ingrid Bétancourt, que nous devions nous battre pour la justice, la liberté et l'égalité, non seulement pour nous-mêmes mais aussi pour les autres personnes et pays?

Notre société a à cet effet besoin notamment d'hommes et de femmes d'honneur, probes, qui observent scrupuleusement la loi et les règlements, et qui en favorisent le respect et l'application par tous! Comme les deux hommes d'honneur cités.

Et vous, qu'en dites-vous? Quel genre d'homme ou de femme êtes-vous?

Que comptez-vous faire, le cas échéant, suite à votre lecture du présent Volume 1 de ce livre, pour contribuer à ce que plus jamais personne, notamment aucun(e) un(e) étudiant(e), ne vive ce que j'ai vécu?

Rappelez-vous toujours ceci : personne n'est au dessus de la loi.

Nos droits, nos libertés fondamentales, ne se transigent pas et ne sont pas à vendre.

Nous devons résister à toute forme de tyrannie, de barbarie, de corruption, de médiocrité, et les dénoncer publiquement.

En cas d'injustice délibérée et d'impossible règlement du fait des pratiques, coutumes ou cultures répugnantes telles que celles vues dans le cas d'espèce, nous n'avons d'autre choix que de nous battre, tel qu'on l'a vu dans ce livre.

Nous devons pour ce faire connaître nos droits, pour ainsi pouvoir les faire valoir en nous battant jusqu'au bout, au moyen d'une combinaison appropriée d'actions et de moyens décrits notamment dans ce livre.

Cela inclut, naturellement, les cas de déni de justice ou d'injustice délibérée, non seulement au sein de nos institutions académiques comme nous venons de le voir dans le présent Volume 1 du livre, mais aussi devant nos cours et tribunaux tel que nous le verrons dans le Volume 2 annoncé.

REMERCIEMENTS

Avant toute chose, je rends grâce à Dieu, en toutes circonstances, pour Son amour, pour Son soutien, pour tout.

Les mots ne suffiront pas pour remercier mes parents, plus spécialement ma mère, Mme Anvenida Ndade Nalo Marie-Thérèse. Sans son soutien et son amour, je ne sais comment j'aurais survécu à ce calvaire et à cette crucifixion. Avec elle, je remercie mes fils Alex and Kevin Zabo, tous mes frères et sœurs, toute ma grande famille. Ineffable est ce que je ressens pour vous tous et toutes, individuellement et collectivement.

Je remercie profondément mes amis, amies et toutes les personnes qui m'ont soutenu tout au long des épreuves très difficiles vécues suite à la barbarie et l'injustice délibérée subies dans cette affaire.

De manière spéciale, je rends un vibrant hommage et remercie du fond du cœur le professeur émérite Alain-François Bisson (directeur du programme de doctorat de la Faculté de droit de l'Université d'Ottawa, Section de droit civil, de 1995 à juin 1999 et puis de juillet 2001 au 30 juillet 2004). Avec lui, je rends aussi un vibrant hommage et remercie du fond du cœur le Professeur André Jodouin (directeur du programme de doctorat de la Faculté de droit de l'Université d'Ottawa, Section de droit civil, du 1er juillet 2000 au 30 juin 2001). Vos affidavits-témoignages respectifs, déposés sous serment dans cette affaire, étaient décisifs. Malheureusement, ils ont délibérément été ignorés complètement, tout comme le mien, par une justice judiciaire corrompue dans cette affaire et en la matière. Que ce livre, qui révèle au grand public la vérité, les éléments de fait, de droit ainsi que les documents de preuve contenus dans nos affidavits respectifs concordants, puisse aider à l'atteinte des objectifs que vous visiez en acceptant courageusement de témoigner objectivement dans cette affaire, à savoir : le rétablissement de la vérité et la justice.

De la même manière, je rends un vibrant hommage et remercie du fond du cœur Me Emilio Binavince, mon avocat dans cette affaire lors des procédures devant la Cour d'appel de l'Ontario et puis devant la Cour suprême de justice du Canada. Je me rappellerai toujours de votre profonde stupéfaction, du début à la fin, par rapport aux agissements et décisions des représentants et organes de l'Université d'Ottawa dans cette affaire et aux décisions et motifs des décisions subséquentes des juges des juridictions judiciaires concernées : du jamais entendu, ni vu, en plus de trente ans de carrière en tant qu'avocat et ancien professeur de droit (y compris à l'Université d'Ottawa). L'excellent travail abattu ensemble ne sera pas vain. La barbarie, la corruption, l'injustice délibérée et la tyrannie n'auront pas raison sur nous, ni sur la vérité, la justice, nos droits universels et nos libertés fondamentales. Le droit, la jurisprudence et l'administration de la justice, corrompus et désarticulés en la matière (dans les litiges découlant de la relation contractuelle université–étudiant) et dans cette affaire, seront restaurés. Le statu quo n'est pas acceptable.

Je m'en voudrais de ne pas profondément remercier nommément Marc Legault, mon ancien collègue au Bureau de la concurrence du Canada, qui, alors que je me représentais moi-même dans cette affaire devant la Cour supérieure de justice de l'Ontario, m'avait aidé à finaliser en un temps record les documents de ma contre-motion en réponse à la motion préliminaire (de l'Université d'Ottawa) en radiation de mon action en responsabilité civile concernée. Votre aide n'a pas été vaine. Le combat continue. La justice et la vérité vont prévaloir.

De même, je remercie profondément le professeur Frank Pene Kalulumia (à l'époque directeur du programme de maîtrise en économie à l'Université de Sherbrooke, Canada), le professeur Chicot Eboué (Université Nancy 2, France), le professeur Dominique Carreau (Université Paris 1 Panthéon-Sorbonne, France), les professeurs Félix Vunduawe Te Pemako et Oswaldo Ndeshyo (Université de Kinshasa, RD-Congo), pour respectivement leurs bienveillante attention et encouragements en rapport avec ma thèse et mes études de doctorat en droit concernées.

Grand merci en particulier au professeur Frank Pene Kalulumia, pour ses opinions d'expert (professeur économiste et professionnel spécialiste des institutions financières internationales comme la Banque africaine de développement – BAD-) qu'il me donnait gentiment dans le strict respect du sujet et du cadre juridique – et non pas économique- de ma thèse de doctorat en droit concernée (portant sur la BAD). Soyez rassuré que la mauvaise foi, la malice, la méchanceté, les abus excessifs de pouvoir ainsi que l'apparente incompétence, dont nous nous étonnions dans cette affaire, n'auront pas raison sur la volonté de Notre Dieu, ni sur la science, la probité intellectuelle et la justice.

Dans la même veine, je remercie profondément Ignace Rusenga (spécialiste et professionnel en gestion, analyse et administration des projets de développement international, ACDI, Banque mondiale) pour son affidavit d'expert déposé sous serment dans cette affaire, en ma faveur, à la Cour supérieure de justice de l'Ontario. À vous aussi, je dis : la vérité et la justice seront rétablies.

Je remercie profondément mes premiers lecteurs et critiques du présent Volume 1 du livre : professeur émérite Alain-François Bisson (Université d'Ottawa, Canada), professeur Tshitshi Kayamba (Université Carlos III Madrid, Espagne), professeure Nicole N. Bwatshia (Université de Kinshasa, RD-Congo), professeur Joe Spencer (une université canadienne), George Naoufal, Dada Baganda, Huguette Mwazaka, Diana, Vincent Bokata, Michel Okenghe, Carline Zéphyr, Amira Sultan, Patrick Mbeko. Je remercie aussi deux autres qui, du fait notamment de certaines réserves liées à leurs fonctions, respectivement à l'Université d'Ottawa (Canada) et dans une autre université française (France), m'ont demandé de ne pas les citer.

Je remercie profondément aussi monsieur John Nyombayire et son épouse (madame Odette), pour tout leur soutien inconditionnel dès le tout début de cette affaire. La médiocrité, la barbarie et l'injustice délibérée, que vous n'aviez cessé de dénoncer dans cette affaire, n'auront pas raison sur l'intégrité, l'honnêteté intellectuelle, l'excellence, la bonne moralité, la grandeur d'esprit, ni sur la justice.

Les derniers mais non les moindres, je ne peux oublier mes frères et sœurs en Christ, de la cellule de prière de Hull, de l'église Life Centre (Ottawa ON Canada), de l'église Source de vie (Gatineau QC Canada) et de l'église Mon Rocher (Ottawa ON Canada), qui m'ont été d'un soutien spirituel capital dès le début des épreuves douloureuses résultant de cette affaire depuis août 2001. Sans la présence de Dieu dans ma vie, sans sa grâce et son amour, mes bourreaux auraient gagné, atteint leur objectif, et leur méchanceté aurait triomphé.

Avec Dieu dans ma vie et à mes côtés, leur défaite est certaine. Car L'Éternel me donnera la victoire finale, conformément à Sa parole : « Et toi, Éternel, tu te ris d'eux, Tu te moques d'eux. Quelle que soit leur force, c'est en toi que j'espère. Car Tu es ma haute retraite. » (Psaumes 59,9-10).

Je présente mes excuses à toutes les personnes que j'aurais oubliées ou que je n'aurais pu citer nommément. Soyez toutes rassurées que je vous remercie tout aussi profondément.

À vous tous et toutes, j'exprime mes profonds remerciements et je vous prie de bien vouloir agréer l'expression de ma très profonde gratitude.

Plaise à Dieu de vous bénir.

Sincèrement,
Zeph Zabo

ABRÉVIATIONS ET ACRONYMES

ACDI	Agence canadienne de développement international
BAD	Banque africaine de développement
BMD	Banque multilatérale de développement
CA	Cour d'appel de l'Ontario
Codirecteur	Le codirecteur des études supérieures de la Faculté de droit de l'Université d'Ottawa (uOttawa), incluant du programme de doctorat en droit de l'Université d'Ottawa
Comité exécutif	Comité exécutif de la Faculté des études supérieures et postdoctorales (FÉSP), organe de recours quasi judiciaire interne de l'Université d'Ottawa
Comité du Sénat	Comité du Sénat pour l'étude de cas individuels, ou Comité d'appel du Sénat, l'organe d'appel quasi judiciaire interne de l'Université d'Ottawa
CSC	Cour suprême du Canada
CSJ	Cour supérieure de justice de l'Ontario
Directeur	Le codirecteur des études supérieures de la Faculté de droit de l'Université d'Ottawa, incluant du programme de doctorat en droit de l'Université d'Ottawa
Doctorat en droit	Programme de doctorat de la Faculté de droit de l'Université d'Ottawa
FAD	Fonds africain de développement
FSN	Fonds spécial du Nigéria
FÉSP	Faculté des études supérieures et postdoctorales de l'Université d'Ottawa
FMI	Fonds monétaire international
IFI	Institutions financières internationales
LL.D.	L'intitulé du diplôme de Doctorat en Droit et du grade décerné notamment à l'Université d'Ottawa; vient de l'expression latine « Legum Doctor » qui veut dire docteur en droit
MARC	Méthodes alternatives de résolution des conflits

ONG	Organisation non gouvernementale
Ph.D.	Le titre le plus couramment utilisé pour un diplôme de doctorat dans le système universitaire anglo-saxon; vient de l'expression latine « *Philosophiæ Doctor* » qui veut littéralement dire « Docteur en philosophie » (Ph.D. en droit, en économie, etc.)
PIPSC	Institut professionnel de la fonction publique du Canada
Programme	Programme de doctorat de la Faculté de droit de l'Université d'Ottawa
U de O	Université d'Ottawa
uOttawa	Université d'Ottawa

EXHORTATION ET MOT DE LA FIN DU VOLUME 1

« La ville s'élève par la bénédiction des hommes droits.
Mais elle est renversée par la bouche des méchants. »
-Proverbes 11:11

« L'homme ne s'affermit pas par la méchanceté.
Mais la racine des justes ne sera point ébranlée. »
-Proverbes 12:3

« Bénis sont ceux qui observent la loi,
qui pratiquent la justice en tout temps! »
-Psaume 106:3

www.ingramcontent.com/pod-product-compliance
Lightning Source LLC
Chambersburg PA
CBHW070232190526
45169CB00001B/159